LA IRRESISTIBLE ATRACCIÓN DE LA DIVINIDAD

SWAMI AMRITASWARUPANANDA PURI

Mata Amritanandamayi Center
San Ramon, California, Estados Unidos

La irresistible atracción de la Divinidad
Por Swami Amritaswarupananda Puri

Publicado por:
Mata Amritanandamayi Center
P.O. Box 613
San Ramon, CA 94583-0613, USA

En España:
www.amma-spain.org

Internacional:
www.amma.org

En Europa:
www.amma-europe.org

ÍNDICE

Dedicatoria 5

Introducción 7

1 | El saṅkalpa de Amma 19

2 | Compendio del vedanta 35

3 | Llamada y respuesta 55

4 | La música divina que me despertó 81

5 | Sahasrapadē namaḥ 99

6 | El guru es Dios encarnado 113

7 | Un corazón tan grande como el cielo 149

8 | Regalo de cumpleaños 167

9 | Un catalizador más allá de toda comparación 191

10 | El convincente poder del altruismo 207

11 | Instalada permanentemente en sahaja samādhi 227

12 | La naturaleza omnicomprensiva del guru 239

13 | Gracia torrencial 263

14 | Venid pronto, queridos hijos 285

ōm prēmāmṛtānandamayai
nityam namō namaḥ

DEDICATORIA

dhyāyāmaḥ suvibhātabhānuvadanām
sāndrāvabōdhātmikām
tattvajñānavibhūṣitāmabhayadām
tacchabdavidyōtikām
mandasmērasubhāṣitairnatikṛtām
sarvārtividdvamsikām
brahmānandaparāyaṇāmatulitā-
mambāmṛtākhyām parām

Meditamos en Amma, cuyo semblante es tan radiante como el sol naciente, que es la encarnación de la Conciencia Pura, que está adornada con la joya de la sabiduría espiritual, que ofrece refugio a los devotos, que enciende el conocimiento del Yo Supremo en el corazón de los discípulos, que disipa las penas de los angustiados con su dulce sonrisa y palabras de ambrosía, que se ha instalado en Brahman, el Yo Supremo, que es inigualable y es conocida con el nombre de Amrita.

INTRODUCCIÓN

El amor es lo único que hay en el mundo que ejerce una atracción irresistible. Es el sentimiento que más predomina en todos los seres vivos. Independientemente de las circunstancias personales, la nacionalidad, el idioma o la clase social, el poder del amor sigue siendo común a toda la humanidad, tal vez a toda la creación.

La energía que sostiene el amor es siempre la misma; pero se manifiesta de forma distinta dependiendo de los saṁskāras (tendencias latentes)[1] de cada persona. Como lo expresa Amma: «Para un científico, el amor significa protones y neutrones; para un poeta u orador, el amor está en las palabras, mientras que para

---

[1] Hay que leer las palabras indias como si fueran españolas, con las siguientes excepciones: Las letras *sh* y *j* suenan como en inglés (por ejemplo, en *shock* y *John*). La letra *h* siempre aspirada, como en inglés (*house*), nunca muda como en español. La letra *r* siempre suave, como en *cara*, no como en *rosa*, aunque vaya a principio de palabra. La doble ele no es una elle sino dos eles pronunciadas una detrás de la otra. (N. del t.)

algunos la comida es el amor. El amor a quienes nos son cercanos y a los que queremos es algo corriente. El color es el amor para un artista. Un bebé siente amor por su madre, y una abeja por las flores. Dios es el amor para un devoto. Del mismo modo, el guru es el amor para un discípulo».

Se considera que los seres humanos son la especie más evolucionada. Por tanto, además de expresar esta hermosa energía del amor en los niveles físico y emocional, también debemos dirigirla hacia un objetivo superior y orientarnos hacia una meta más elevada. ¿Cuál es esa meta? Es llegar a conocer nuestra propia estructura interna, a conocer qué es lo real en nuestra existencia. Permitidme citar las palabras de Amma. Ella dice: «El amor es el único lenguaje que todos y todas pueden entender, tanto las plantas como los animales, y hasta los objetos insensibles. Es un lenguaje universal. El amor tiene un gran efecto purificador y transformador».

En el āśhram de Amma en Amritapuri hay dos perros: Tumban y Bhakti, macho y hembra, respectivamente. Los recogieron de la calle cuando eran unos cachorros. Si alguien disfruta de una total libertad de movimiento en el āśhram, son ellos: pueden entrar en todas partes, incluida la habitación de Amma, su cama y el escenario donde da darśhan. Nadie cuestiona su autoridad. Tienen una conexión muy especial con Amma. La forma en que se comportan delante de ella y el amor y cuidados que Amma les ofrece son extraordinarios. Salta a la vista. Mirándolos, uno no puede dejar de preguntarse: «¿Quiénes son estos perros?».

Tumban y Bhakti asisten puntualmente al archana (recitación del *Śhrī Lalitā Sahasranāma*, los mil nombres de la diosa Lalita Parameshwari, seguida del canto del *Mahiṣhāsura Mardini Stōtram*) de la mañana y también a los bhajans nocturnos, junto con los residentes del āśhram. Cuando Amma canta deja sitio al lado de su pīṭham (asiento) para que Tumban se pueda acostar cómodamente. Mientras Tumban comparte el asiento con Amma, Bhakti se acomoda debajo. Bhakti nunca se sienta en el pīṭham, aunque haya espacio suficiente o Tumban no esté.

Otro aspecto de su vínculo con Amma es el inmenso anhelo que ambos perros muestran por obtener su amor y cariño, especialmente Tumban, que suele expresar su deseo de ser amado. Muchas veces se acerca a Amma para que lo acaricie. Esta es una breve descripción de lo que hace: con la pata delantera levanta suavemente la mano de Amma o la toca mientras le hace un gesto para que le acaricie la cabeza. Por supuesto, Amma siempre atiende su petición. Cuando deja de acariciarle, él vuelve a hacer el mismo gesto. El hecho es que hasta los animales y las plantas responden al amor verdadero.

El amor es un alquimista: tiene el poder de cambiarlo todo, da individualidad incluso a objetos inertes. Amma dice: «Les ponemos un nombre a nuestros perros y gatos, ¿verdad? El nombre genera un gran cambio, transforma nuestro mundo interior. De repente, el animal —o el pájaro— se vuelve un individuo, adquiere una personalidad». Nuestro amor tiene el poder de conceder una identidad a la mascota, puesto que eleva su estatus al de alguien que es apreciado. El perro, el gato o el pájaro experimentan una transformación en nuestra mente, aunque unos minutos antes no fueran más que una de tantas mascotas de una tienda o de un refugio cualquiera. Ese es el verdadero milagro.

En el āśhram de Amma de San Ramón (California), todos los árboles tienen un nombre; el nombre les confiere un estatus especial. Eso cambia la percepción de las personas que viven allí, así como la de los devotos y devotas que están de visita. Los niños pequeños bautizan sus juguetes, a sus muñecas Barbie, a sus ositos de peluche, etc. La muñeca deja de ser un objeto inerte cuando recibe un nombre y cobra vida para ellos: tiene sentimientos, hambre, sed, necesita dormir, etc. Los niños tratan a la muñeca como si fuera un ser humano.

Esta espontánea necesidad de sentir amor, de expresar amor y de ser amado es algo innato tanto en los niños como en los adultos, y de forma menos evidente en animales y plantas. El amor es tan importante como el aire que respiramos; es esencial para el bienestar de nuestra existencia. Más aún: es la base de nuestro Yo Supremo[2], es nuestra esencia, el sustrato de nuestra existencia. El amor es la forma más pura de energía. Esta energía eterna tiene su origen en nuestro interior. Las cámaras secretas de nuestro corazón se abren a medida que vamos profundizando en la fuente del amor. Cuanto más amor atesoremos en nuestro corazón, más maravillas ocurrirán en nuestra vida. A esas vivencias las llamamos «milagros», «experiencias increíbles» o «hazañas imposibles».

Lo cierto es que el amor, sin importar el nombre que le demos, nos acerca a nuestro Yo Supremo, a Dios, a la creación. Cuando nos enamoramos de la creación, esta responde enamorándose de nosotros. Esta atracción se va desarrollando hasta convertirse en una extraordinaria historia de amor. Finalmente, nos fundimos en un abrazo unificador. Esa historia

---

[2] Traducimos *self/Self* como yo/Yo para incluir la referencia subjetiva a «uno mismo» o «el ser propio» en el término, que no incorporan otras traducciones como ser/Ser. En este contexto, «yo» con minúscula se refiere al yo individual (jivātman); con mayúscula, al Yo supremo (Paramātman). (N. del T).

de amor es el comienzo de un intercambio mutuo que no tiene fin.

Cuando el amor se despierta en nuestro interior y florece por completo, automáticamente entramos en sintonía con el universo. Muchos científicos eminentes de ayer y hoy son grandes admiradores del universo. Su contemplación provoca en ellos un asombro total, un intenso amor que los incita a sumergirse profundamente en los misterios que contiene. El distinguido científico Carl Sagan comentó: «La inmensidad solo es soportable gracias al amor para criaturas tan pequeñas como nosotros».

En Amma, este amor adquiere una dimensión completamente diferente. Ella lo ha elevado a un estado trascendente, más allá de todo límite. Por tanto, Amma es una brahmavid, alguien que ha experimentado la Conciencia Absoluta, donde el ser y el conocimiento son uno. Instalada permanentemente en el estado de sahaja samādhi (el conocimiento espiritual más elevado), Amma ha venido a ayudar a los que buscan la verdad. En ella podemos contemplar la profundidad inconmensurable y la sorprendente amplitud del amor supremo.

Aunque Amma está constantemente ocupada en distintas actividades —como administrar la Universidad Amrita con sus ocho campus, asesorar sobre las investigaciones científicas que realizan los estudiantes y el profesorado, adoptar las aldeas rurales más pobres de la India y ayudar a los aldeanos a avanzar hacia un desarrollo sostenible o dar darśhan a miles y miles de personas todos los días—, se mantiene siempre unida a la realidad trascendente. Realiza todas sus actividades calmada y felizmente.

Cuando un conocedor de Brahman elige permanecer en el mundo debido a su compasión infinita por la humanidad, ejerce una atracción divina irresistible. Nada, ni las fuerzas humanas ni las sobrenaturales, puede detener el poder encantador de un satguru, un maestro espiritual iluminado que conoce el Yo Supremo y que ayuda a las personas a cruzar el océano del dolor por mera compasión. Es un fenómeno parecido a la gravedad terrestre: todo se mueve hacia ellos.

El satguru actúa como una lupa: nuestras tendencias negativas más sutiles se amplifican en su presencia. No hay forma de ocultarle la verdad al guru. Esa presencia tiene la virtud de crear el ambiente más propicio para un sādhak, un buscador espiritual dotado de un intenso deseo de conocer al Dios que reside en su interior, ansioso por explorar el mundo desconocido de la espiritualidad. Cual hábil y experimentada guía, Amma nos orienta en ese viaje. A lo largo del camino, nuestro único compañero será el satguru. La lluvia de su puro e ininterrumpido amor maternal, la sabiduría infinita que ofrece, la profundidad de su comprensión y la belleza divina de su conocimiento convierten el viaje en una celebración. Por otro lado, Amma nos disciplina con el cariño de una progenitora extraordinaria, a la vez que nos capacita para seguir creciendo más allá de nuestras tendencias inferiores, las vāsanās que dificultan nuestro camino.

El primer paso de este viaje consiste en despertar el amor inherente a nuestra naturaleza interna. Una vez reavivada la luz del amor interior, Amma se asegura de que esta llama permanezca encendida. Inmersos en la luminosidad cristalina de ese amor, pasamos por un proceso de purificación. Gradualmente, a medida que el amor interno se purifica, aumenta nuestro nivel de conciencia, se despierta el potencial interno y se abren ante nosotros campos de existencia desconocidos.

El vínculo entre el guru y el discípulo es la relación más excepcional que existe. Solo se puede contar por medio de historias, experiencias personales, citas bíblicas, etc. De eso trata este libro: es una compilación adaptada de algunos de mis artículos y charlas públicas. Las ideas principales que se tratan en estos ensayos son: el satguru y el fundamento universal del guru, la naturaleza omnicomprensiva del guru, por qué el satguru y Dios son uno, la singularidad de la relación entre el guru y el discípulo, la importancia del amor puro, la gracia y la atracción irresistible del guru, además de otros asuntos espirituales.

Me consideraré bendito si este libro enciende una llama en la mente de los lectores. Lo más importante es que cada palabra, cada episodio de este libro son un pequeño reflejo de la satguru Amma que hay dentro de mí. Lo que soy ahora, si es que algo he logrado, se debe solo a la infinita gracia y a la guía de Amma. Sin ella, no soy nada.

Esta introducción quedaría incompleta si no mencionara con agradecimiento a Sneha (Karen Moawad). Su apoyo sincero y desinteresado me ayudó a redactar este libro. Fue su amor y su devoción por Amma lo que la inspiró a dedicar tanto tiempo y energía a ello. No tengo palabras para expresarle mi gratitud.

Permitidme concluir con una cita del fallecido presidente de la India, A. P. J. Abdul Kalam, que fue un destacado científico y un gran ser humano. Dijo: «Cuando Dios te empuja hasta el borde del abismo, confía plenamente en Él porque pueden pasar dos cosas: bien te agarrará cuando caigas bien te enseñará a volar». Amma no solo nos enseña a elevarnos hacia el cielo de la Conciencia de Dios, sino que también nos enseña a ser uno con ella.

Swami Amritaswarupananda Puri
Mata Amritanandamayi Math
Amritapuri, Kollam, Kerala
India

1 | EL SAṄKALPA DE AMMA

Durante el darśhan la gente le abre el corazón a Amma. Mientras escucha sus problemas, Amma les dice amorosamente al oído: «Makkalē, Amma saṅkalpikkam» («Hijos, Amma hará un saṅkalpa», es decir, una resolución divina). Estas palabras les resultan bastantes familiares a los devotos, no solo en la India, sino en el mundo entero. Muchas personas preguntan: «Amma dijo que tomaría una resolución. ¿Qué significa eso? ¿Significa que "pensará" o que "rezará"?».

Es interesante hacer notar, antes de responder esta pregunta, que los hindúes normalmente le rezan al Dios Absoluto más elevado, a Brahman, o a las tres manifestaciones de Dios: Brahmā, el dios creador; Viṣhṇu, el dios conservador; y Śhiva, el dios de la disolución (que es necesaria para que el ciclo de la creación pueda volver a comenzar). También pueden rezar a encarnaciones de Viṣhṇu, como Rāma y Kṛiṣhṇa, o a otras deidades como Amma. Cuando los seres iluminados usan la palabra «saṅkalpa» no se refieren a un mero «pensamiento», ni tampoco a una «oración», tal como se suele entender. Un «saṅkalpa» es un propósito muy sutil y poderoso que solo un maestro que conoce el Yo Supremo puede hacer, utilizando su ichchā śhakti, el poder de la voluntad de controlar, resolver o eliminar una determinada situación dañina, o de crear un cambio positivo. Solo un alma iluminada que esté más allá de todos los gustos y aversiones, que sea una con la totalidad, es capaz de hacerlo. La Bṛihadāraṇyaka Upaniṣhad dice:

> *sō'kāmayata dvitīyō ma ātmā jāyētēti*
>
> Él quiso, o Dios quiso, «que tenga un segundo Yo». (1.2.4)

Así es como surgió la creación, el mundo que vemos. El mundo es como la vestimenta del Yo Supremo; por eso se le llama «un segundo Yo». Cuando la Upaniṣhad dice «un segundo Yo» se refiere a los innumerables nombres y formas que vemos en el mundo; por consiguiente, hay una determinada «otredad» en este mundo. Esta referencia al «segundo Yo» también indica que el mundo no es la realidad en sí, sino un reflejo de la misma.

La conciencia de esa unidad, el secreto supremo que subyace tras la diversidad de nombres y formas, permite al conocedor ejercer el control sobre los cinco elementos. Estos seres no utilizan sus poderes para perturbar las leyes establecidas, aunque tengan control sobre los materiales básicos que componen el universo. En otras palabras: la voluntad de un alma iluminada y la voluntad del universo son la misma, y están en perfecta sintonía. Un maestro que tiene conciencia del Yo Supremo es también un trikāla jñānī, un conocedor de los tres períodos del tiempo (pasado, presente y futuro). Él o ella pueden transmitir fácilmente energía pura a cualquier cosa sensible o insensible, con el fin de elevarla o para que se cumplan sus deseos y metas espirituales y materiales, siempre que no sean dañinos o egoístas. Así pues, un saṅkalpa es algo que brota del Yo Supremo más íntimo de un maestro perfecto, un satguru. El receptor de un saṅkalpa también debe estar capacitado para recibir y mantener la pureza del saṅkalpa divino.

Esta transmisión de energía se llama saṅkalpa. Es una energía mucho más fuerte que la materia, hasta el punto de que hace posible lo imposible. Tal vez podamos referirnos a ella como «una orden procedente del controlador último de los elementos». Sin embargo, no hay que inferir que ese sea el único objetivo de los maestros que conocen el Yo Supremo. También hay que tener en cuenta que hacer un saṅkalpa implica numerosos factores, que en su mayor parte son invisibles y que están más allá de nuestra comprensión.

Es difícil definir los fundamentos del saṅkalpa de una gran maestra como Amma. Es una revelación, un instante bendito o una situación que se presenta, quizás por medio de una experiencia edificante y maravillosa. El guru lo concede conociendo el corazón del devoto y las sutilezas de su dharma y su karma (es decir, su naturaleza desde una perspectiva tanto material como espiritual). Tal vez se podría describir como un proceso por el cual el guru le da al devoto o discípulo una parte de su energía infinita, una fracción de Dios, para que pueda nutrirse como si estuviera en un útero, meditar sobre ello y poco a poco alcanzar la plenitud.

Cuando Amma dice que adoptará una resolución, también significa que actuará con pleno conocimiento del ritmo y el orden cósmicos. En esencia, el saṅkalpa de un mahātmā, un maestro perfecto, un satguru que está más allá de la comprensión humana, se manifiesta como una experiencia inspiradora y poderosa.

Permitidme contaros algo que sucedió hace treinta y tres años. En septiembre de 1986 estábamos celebrando el trigésimo tercer cumpleaños de Amma con unos pocos renunciantes y devotos en el antiguo templo conocido como el kaḷari. Amma aún no había viajado fuera de la India, pero poco antes había aceptado la invitación de unos devotos para visitar Estados Unidos. Había confiado la tarea de organizar los programas en el extranjero a Kusumam (Gretchen McGregor). La víspera de su partida hacia Estados Unidos, Kusumam se postró ante Amma y le pidió su bendición. Amma la abrazó con amor y le dijo:

—Hija mía, no pidas nada. Todo vendrá a ti.

«Las palabras que me dijo Amma la víspera de mi partida resonaban en mis oídos mientras atravesaba Estados Unidos organizando su primera gira mundial», recuerda Kusumam.

Seis meses más tarde, el 23 de marzo de 1987, Swami Paramatmananda (Neil Rosner) y yo nos estábamos preparando para viajar a Estados Unidos, a fin de unirnos a Kusumam y allanar el camino a la primera gira internacional de Amma. Íbamos a estar dos meses completos lejos de la presencia física de Amma. Aunque me llamaba el deber, estaba triste y sentía un profundo dolor a causa de la separación. Durante la despedida, cuando me postré a los pies de Amma, ella me abrazó y me susurró compasivamente al oído:

—Hijo, Amma está contigo; el saṅkalpa de Amma está contigo.

Iniciamos el viaje. Hicimos nuestra primera parada en Singapur y, tras dos días de programas, volamos a San Francisco, donde aterrizamos el 26 de marzo. Desde el aeropuerto nos dirigimos directamente a casa del hermano mayor de Swami Paramatmananda, Earl Rosner, en Oakland. Todavía recuerdo la casa y sus alrededores por la siguiente razón: desde el momento en que me despedí de Amma y subí al avión en Kochi, mi corazón se llenó de angustia. Cuando llegué a Oakland, la angustia se había convertido en una profunda tristeza. Aunque solo habían pasado unos pocos días, fue en casa de Earl donde sentí con verdadera intensidad el dolor de la separación.

Aunque el invierno se despedía con lentitud, todavía hacía bastante frío. Desde antes del amanecer, cuando los primeros rayos del sol naciente acariciaban la tierra, y hasta el anochecer, se podía escuchar un popurrí de melodías interpretadas por distintas especies de aves. Los árboles, ante las embestidas del invierno, habían perdido las hojas, y ahora empezaban a asomar nuevos brotes tiernos. Las plantas empezaban a florecer lentamente, y deslumbrantes gotas de rocío bañaban hojas y flores. «Estoy en la otra punta del mundo, separado de Amma por la distancia que media entre el día y la noche», clamaba mi dolorido corazón. Pero el svadharma, el trabajo que Amma me había confiado, me dio un toque de atención: «Debo ocuparme de los preparativos de la visita de Amma».

Antes de que los sagrados pies de Amma tocaran suelo estadounidense habíamos planificado una gira de cuarenta días a lo largo y ancho del país. Se habían programado actividades en muchos lugares. Durante los cinco días que permanecimos en Oakland realizamos programas en la zona de la Bahía de San Francisco. El resto de la gira debía comenzar el uno de abril a primera hora de la mañana, de Oakland a Seattle en primer lugar, y después de regreso a Oakland. Desde allí iríamos a Madison (Wisconsin), cubriendo unos ocho mil kilómetros en total.

En esta gira participábamos siete personas. Decidimos cargar nuestro equipaje en el vehículo la noche anterior al comienzo del viaje. Jack Dawson, un devoto, había donado amablemente el medio de transporte para nuestro viaje, pero aún no había llegado. Kusumam, que esperaba al borde de la carretera, finalmente nos gritó:

—Ya ha llegado la camioneta. Empecemos a cargar.

Fue entonces cuando vi el artefacto que nos llevaría en aquel largo viaje. Me quedé estupefacto. Para ser sincero, esperaba un vehículo razonablemente grande y en bastante buen estado. Después de todo, estábamos en Estados Unidos... Pero lo que vi estacionado frente a la casa era una camioneta Dodge que se parecía bastante a un modelo anticuado muy común en la India. Dicho de otro modo: era una reliquia.

Tenía mis dudas: ¿sería realmente ese nuestro vehículo? Miré a Kusumam y ella me las aclaró:

—Sí, es este. No pudimos conseguir nada mejor.

Viendo que aquello parecía más adecuado para engrosar el depósito de la chatarra, casi se me escapa un «¡Oh Dios! ¿Podrá esta camioneta completar el recorrido?». De inmediato hice examen de conciencia: ¡No! ¿No nos había garantizado Amma su protección? «Hijo, Amma está contigo, Amma ha hecho un saṅkalpa». ¿A qué se debían tantas vacilaciones y preguntas? Esa había sido la voluntad de Amma. Oí la voz de Swami Paramatmananda detrás de mí:

—Sí, es un auténtico cacharro; pero no te preocupes por su antigüedad, ni por su aspecto. El poder de Amma hará que funcione. Venga, vamos a cargar las cosas.

Fue mi primera gira por el extranjero, un mundo desconocido con una cultura y unas costumbres completamente diferentes de las nuestras. Apenas contábamos con un puñado de colaboradores. Sin embargo, ¿no estaba Amma con nosotros? ¿No iba a ayudarnos su resolución? Nos entregamos a esa creencia y emprendimos nuestro viaje. Durante los siguientes cuarenta días la camioneta se convirtió literalmente en nuestro refugio, nuestro hogar. Cocinar, comer, dormir, meditar, recitar, practicar los ejercicios de yoga... todo se hacía en su interior. Nos prestó sus servicios como un amigo fiel.

«Este trasto se detendrá en cualquier momento. Podríamos quedarnos varados en un lugar desértico sin posibilidad de pedir ayuda. No vamos a llegar a nuestros programas». Nos asaltaban esta clase de temores. Si algo así hubiera sucedido, no teníamos nada parecido a un plan B. Nuestra fe en Amma era el único plan

A, B y C. Solamente contábamos con su ayuda. Nos encontramos con muchos obstáculos y dificultades, pero, cada vez que nos preguntábamos ansiosamente «¿qué hacemos ahora?», aparecía algún desconocido para ayudarnos. De ese modo, Amma se manifestó mediante muchos nombres, formas y circunstancias.

Proseguimos el viaje, atravesando montañas y desiertos, pasando por grandes ciudades y pueblos pequeños. Contamos historias de Amma, compartimos experiencias, cantamos bhajans y guiamos programas de satsang y meditación. Conocimos a muchas personas que más adelante colaborarían con la misión de Amma en Estados Unidos. Les hablamos sobre el fenómeno que es Amma.

Como un servidor que obedeciera a un poder invisible, nuestra montura, «el bisabuelo Dodge», siguió transportándonos cuarenta días más sin emitir una sola queja. Poco a poco, nuestra vida en el interior de la camioneta se vio envuelta en el ambiente propio de un āśhram, saturado de la presencia de Amma.

El viaje tocaba a su fin. Llegamos a nuestro destino, Madison. Pensábamos tomar un autobús hasta Chicago, y luego habíamos previsto visitar Nueva York y Boston. Se suponía que Amma llegaría a San Francisco el 18 de mayo; teníamos que volver antes de esa fecha. El día que llegamos a Madison, nuestro «sirviente de confianza», la camioneta Dodge, como si hubiera cumplido con su mejor voluntad la tarea que «alguien» le había encomendado, se detuvo. Por mucho que lo intentamos, no pudimos conseguir que volviera a funcionar. Swami Paramatmananda, juntando las palmas de las manos, concluyó:

—Esto solo puede ser el divino saṅkalpa de Amma.

Realmente fue una revelación. Para nuestra sorpresa, también descubrimos que Jack Dawson, la persona que nos había dejado la camioneta, era oriundo de Madison... De alguna manera, la camioneta Dodge sabía que estaba en su «hogar».

Esta experiencia fue uno de los muchos acontecimientos que me revelaron el significado de «un saṅkalpa divino». Nos dimos cuenta de que el viejo furgón no era solo un motor y un conglomerado de metal insensibles. Ya no podíamos verlo así; más bien nos parecía un ser vivo que obedeciera órdenes de un poder misterioso y desconocido. El cambio en nuestra percepción supuso una gran diferencia en cuanto a nuestra actitud hacia el vehículo. Antes de abandonar Madison, realizamos el ārati, ofrecimos flores, nos postramos y nos despedimos de ese buen amigo. Era la manifestación visible de la resolución de Amma y se había agotado en el cumplimiento del deber que le había sido encomendado.

Aquella furgoneta Dodge de color brillante nos dio una gran lección y constituyó una metáfora perfecta de la entrega que cada uno interpretó a su manera. No teníamos medios para realizar la gira previa a la llegada de Amma, como un vehículo para viajar, por ejemplo. Cuando Jack Dawson ofreció su camioneta, supimos que Amma estaba proporcionándonos el transporte «no solicitado», aunque inicialmente lo tildáramos de «cacharro». Sí, era viejo y tenía más de ciento sesenta mil kilómetros; pero, a medida que «cumplía desinteresadamente y con la mayor dedicación el deber encomendado», empezamos a verlo como un majestuoso autobús que se hubiera materializado de la nada, un ejemplo perfecto para demostrar el modo en que un saṅkalpa divino puede hacer maravillas.

Mientras recorríamos los miles de kilómetros necesarios para completar los primeros cuarenta días de la gira previa, desde Oakland hasta el monte Shasta y después Miranda, Seattle, Santa Fe, Taos, Boulder, Chicago y Madison, ninguno (Swami Paramatmananda, Kusumam y yo) teníamos ni idea de la magnitud de la misión que Amma quería que cumpliéramos, ni imaginábamos en qué llegaría a convertirse la misma. Solo sabíamos que debíamos correr la voz sobre la inminente llegada de Amma. Estábamos alegres, entusiasmados, inspirados, y a la vez éramos meticulosos con nuestra sādhanā.

Las encarnaciones divinas actúan con objetivos bien definidos. Su mente es tan inmensa como el universo y tan clara como el cielo. No se confunden ni tienen dudas. Para alcanzar sus objetivos, pueden infundir un sentimiento o sensación (distinto de la percepción o el pensamiento) incluso en los objetos inertes.

Si esa resolución y esa bendición están con nosotros, no hay nada que no podamos hacer en ningún mundo. Ese gran poder, el mismo que surgió del interior de la columna para salvar a Prahlāda, puede aparecer en cualquier lugar y bajo cualquier forma ante un devoto que se haya entregado por completo, ya que no está limitado por el espacio ni por el tiempo. Tampoco necesita un medio particular para manifestarse. Si existe una resolución divina, hasta los animales recitarán mantras védicos.

La vida del santo Jñanadēva de Alandi, en el distrito de Pune (Maharashtra), es un ejemplo de ello. Aunque nació en una familia de brahmanes, a Jñanadēva y sus hermanos se les negó el estatus social de los brahmanes porque su padre abandonó la vida de renunciante, se casó y se convirtió en seglar. Por eso no se les permitió a sus cuatro hijos aprender los Vēdas ni otras escrituras. Las autoridades hicieron caso omiso cuando les pidieron que les devolvieran su estatus social. Jñanadēva afirmó que aquel conocimiento no valía nada, que él podía hacer que incluso un toro recitara los Vēdas. Luego ordenó a un toro que estaba cerca que recitara los Vēdas y, para sorpresa de todos, el toro empezó a declamarlos. Hay otra historia acerca de él, en la que le ordena a un muro de mampostería que se mueva y el muro «escucha la orden de su maestro» y se mueve.

Estas son algunas de las increíbles historias de los sabios que vivieron en el pasado. Sin embargo, aquí y ahora, se pueden ver y experimentar personalmente a cada momento como la representación del poder infinito y la grandeza de las decisiones de Dios manifestándose en la santa presencia de Amma.

2 | COMPENDIO DEL VEDANTA

Después de recibir el darśhan de Amma, la gente me comenta: «Cuando me acerqué a Amma, mi mente se quedó en blanco. Todas las preguntas se desvanecieron. No pude decir nada de lo que quería». También hay personas que relatan: «Cuando Amma me abrazó, me eché a llorar. No pude pronunciar ni una palabra. Me pregunto si Amma entendió mis problemas». Sin embargo, hay otros que dicen: «Me sentí tan tranquilo y feliz en presencia de Amma, que me quedé totalmente absorto. Nunca había experimentado tanto amor». Por otra parte, hay personas que se abren completamente en presencia de Amma, liberándose de todas sus ansiedades, miedos, ira y demás emociones negativas, lo cual les ayuda a sentirse aliviados y relajados.

En cualquier lugar del mundo, es probable que cuando la gente reciba el darśhan de Amma tenga alguna de estas experiencias. ¿Por qué lloramos o nos quedamos en silencio ante Amma? ¿Por qué nos sentimos tan felices y en paz en su presencia? ¿Qué nos incita a contarle todas nuestras emociones cuando estamos con ella? La respuesta la encontramos en el amor íntegro y puro de Amma.

El abrazo de Amma nos conecta con el amor ilimitado. El contacto con esa pureza hará que aflore lo que ya estaba en nuestro interior. Se aplica el mismo principio que cuando se imanta una barra de hierro: cuando frotamos una barra de hierro con un imán, la barra pronto se magnetiza. Del mismo modo, la presencia del amor ilimitado hace revivir el amor que permanece dormido dentro de nosotros. Lo dicho apenas da una idea de la enorme capacidad de expansión del amor; pero, cuando lo hayamos saboreado, el deseo de experimentarlo una y otra vez se intensificará más y más.

Los periodistas suelen preguntarle a Amma: «¿Cree que un simple abrazo puede transformar a las personas?». Ella responde: «Este no es un mero abrazo físico. Es un verdadero encuentro, un encuentro de corazones. Yo fluyo hacia ellos y ellos fluyen hacia mí». Los periodistas también preguntan: «Se sienta y abraza a la gente durante horas y horas. ¿Y a usted quién le abraza?». Su respuesta es: «Toda la creación me abraza. Estamos envueltos en un abrazo eterno. El contacto con esa totalidad que es la energía pura del amor produce la transformación».

El amor puro y desinteresado de Amma pone de manifiesto el notable contraste existente entre el amor verdadero y el amor que vemos en el mundo. Este contraste puede emplearse como una herramienta eficaz para elevarse por encima del amor mundano. En lo que respecta a la vida y el amor, el amor de Amma nos ayuda a diferenciar entre cantidad y calidad.

No vivimos en el mundo como lo que realmente somos, sino en función de una identidad que obtenemos por medio de nuestro nombre, poder, posición, formación profesional, etc. Los demás también nos reconocen por esa identidad como oficial de policía, funcionario del gobierno, político, artista o alto ejecutivo. De modo que toda la vida vivimos como si fuéramos otro. La pregunta es: ¿soy solo esos papeles con los que me identifico y que la sociedad me ha atribuido o tengo otra identidad? ¿Quién soy yo?

Lo aceptemos o no, desde un punto de vista espiritual, los seres humanos vivimos inmersos en una crisis de identidad que encubrimos con todo lo que adquirimos a lo largo de la vida. Finalmente, perdemos la pista y nos identificamos con lo que sea que hayamos acumulado. Subsistimos en ese capullo y lo consideramos nuestra verdadera morada. La máscara ha pasado a ser parte integral de nuestra vida. La hemos llevado puesta tanto tiempo que ahora la confundimos con nuestro verdadero rostro, mientras el rostro original permanece oculto en la trastienda.

Cuando Śhrī Śhaṅkara, máximo exponente de la filosofía advaita (no dualista), conoció a su guru Govinda Bhagavatpāda, este le preguntó:

—¿Quién eres?

Śhaṅkara respondió de inmediato a la pregunta con un poema en sánscrito, que compuso en el momento, conocido más tarde como Ātmā Śhātkam o Nirvāṇa Śhātkam:

manō buddhyahankāra chittāni nāham
na cha śrotrajihvē na cha ghrāṇa nētrē
na ca vyōma bhūmir na tējō na vāyuḥ
chidānanda rūpaḥ śhivō'ham śhivō'ham

> No soy la mente, la inteligencia, el ego o la facultad de recordar. No soy la facultad de oír, la de gustar o la facultad de oler o de ver. No soy el cielo, la tierra, el fuego o el aire. Soy la Conciencia siempre pura y feliz. Soy Śhiva, soy Śhiva, la Conciencia siempre pura y bienaventurada.

Recuerdo algo que sucedió a principios de los ochenta. Había un hombre en el pueblo que criticaba e insultaba duramente a Amma. Un día Amma regresaba al āśhram después de una visita cuando vio a este hombre en el embarcadero esperando a que la lancha cruzara la ría. Cuando desembarcamos del bote en el que este hombre estaba a punto de subirse, se hizo patente que tenía una infección grave en ambos brazos, ya que estaban llenos de sangre y pus. Sin pensarlo ni un momento, Amma se le acercó y le preguntó con mucho amor sobre las heridas, le acarició los brazos y hasta se los besó mientras le deseaba lo mejor y se despedía de él. Las lágrimas brotaron en los ojos de aquel hombre, que se sentía abrumado por la emoción.

No tenemos que remontarnos a los primeros tiempos para encontrar ejemplos del estado interior de Amma. Basta con entrar en alguno de los lugares donde esté dando darśhan y observarla unos minutos.

Durante la gira europea de 2018, Amma se fracturó el dedo meñique del pie derecho. Aquello supuso un gran problema para la médica que atendía la gira. La doctora Priya probó distintos métodos para tratar de inmovilizar el dedo. Mientras probaba uno de tantos artilugios, Amma apartó el pie y le dijo que no quería ninguna clase de inmovilización. Priya respondió diciendo:

—Amma, te va a doler mucho, te lo advierto...

Amma le lanzó una mirada teñida de sarcasmo y dijo:

—¿Dolor? Yo decido cuándo he de sentir dolor... Tú no puedes decirme cuándo lo sentiré y cuando no.

No eran palabras vacías. Amma siguió dando darśhan durante más de dieciséis horas todos los días con el dedo fracturado. Desde un punto de vista médico, no tiene explicación... Esa es solo una de las innumerables ocasiones en las que Amma ha demostrado claramente que su felicidad no depende de las circunstancias externas, ni siquiera del cuerpo.

Las historias sobre la mayor parte de los grandes maestros espirituales, o de quienes sirvieron a la sociedad desinteresadamente y provocaron un cambio real e influyeron en la mente de todas y todos, suelen empezar más o menos así:

«Había una vez un hermoso niño de tez azul en Vṛindāvan llamado Kṛishṇa. Sin embargo...»

«Había una vez un joven príncipe llamado Rāma, que iba a ser coronado rey. Sin embargo...»

«Había una vez un príncipe llamado Siddhārta, que luego se convertiría en Buda. Sin embargo...»

«Había una vez un joven sabio llamado Jesús de Nazaret, hijo de María y José. Sin embargo...»

«Había una vez una joven llamada Sudhāmaṇi, que era muy compasiva y tenía un intenso deseo de conocer a Dios. Sin embargo...»

¿Qué tienen en común todas estas historias y todas las historias de esta clase? Empiezan mostrándonos una vida carente de problemas;

pero todos sabemos lo que va a venir: lo que viene es la expresión «sin embargo». La expresión «sin embargo» siempre está al acecho; aparece en todas las historias. Esa expresión es en realidad la que hace que la historia sea interesante. Indica el conflicto. Sin el «sin embargo» no habría historia. La vida de Amma está llena de «sin embargos»; pero para Amma los «sin embargos» no lo son en absoluto: son simples «acontecimientos». No suponen un obstáculo en el fluir de su vida ni dificultan el cambio que pretende provocar en el mundo.

La audacia es una de las señales que distinguen a un guru perfecto. Mientras permanezcamos identificados con nuestros logros en el mundo, como un simple ente físico que se ha olvidado de su verdadera identidad, no surgirá la valentía. Nos persiguen constantemente toda clase de miedos. Vivimos en el miedo. Incluso nuestro amor está dominado por el miedo. Hay que embarcarse en otro viaje para eliminar ese miedo: en el viaje del cuerpo al alma. Ese viaje culmina en una valentía absoluta, si se completa con éxito. Desaparece incluso el miedo a la muerte.

Hay unos hermosos versos de una santa poetisa de Cachemira del siglo XIV, llamada Lallēśhwarī, que resumen la actitud ante la muerte de alguien que está en posesión del verdadero logro espiritual.

> Oh Conciencia Infinita,
> rebosante de elixir,
> vives dentro de mi cuerpo
> y solo a ti te adoro.
> No me importa
> si nazco, muero
> o paso a otro estado.
> Estas cosas resultan ahora tan vulgares.

Los santos y los sabios nos dicen que no hace falta esperar hasta después de la muerte para llegar al cielo. El cielo no es un complejo de lujo situado al lado de una playa en las alturas, con toda clase de comodidades y placeres que están disponibles el día entero, siete días a la semana, trescientos sesenta y cinco días al año. No es un concepto, sino una realidad que se puede experimentar aquí, mientras se vive en este mundo. Es un estado permanente de ecuanimidad e imparcialidad que destruye todo rastro de miedo. Una vez instalados en ese nivel de conciencia, permaneceremos para siempre en perfecta paz y felicidad. Esa dicha se sigue experimentando cuando el cuerpo ha muerto. La muerte se convierte así en un acontecimiento como otro cualquiera, y se puede celebrar de todo corazón.

Una vez le preguntaron a un mahātmā:

—Santo, ¿estás seguro de que irás al cielo cuando mueras?

El mahātmā respondió:

—Sí, por supuesto.

—Pero, ¿cómo lo sabes? —preguntó el hombre—. No estás muerto y ni siquiera sabes lo que hay en la mente de Dios.

El mahātmā respondió:

—Mira, es cierto que no tengo ni idea de lo que hay en la mente de Dios; pero sé lo que hay en la mía. Siempre estoy lleno de paz y felicidad, donde quiera que esté, hasta en el infierno.

No me cabe ninguna duda de que Amma carece por completo de miedo. Nunca la he visto asustada. Jamás. Está tan perfectamente instalada en el sustrato inmutable, que no hay en ella el más mínimo rastro de temor. En 2002, Amma tenía un encuentro programado en Gujarat, donde en esos momentos había muchos disturbios. Todos los funcionarios del gobierno, así como los devotos, le suplicaron que no fuera, pero Amma respondió con calma:

—Los que tengan miedo a morir no hace falta que vengan. Yo voy a ir.

Recuerdo otro episodio en el que Amma demostró la misma valentía. Durante el tsunami del Océano Índico de 2004, Amma se dirigió directamente hacia el lugar de la inundación. Podría haber llegado otra ola en cualquier momento, pero ella no estaba en absoluto preocupada por sí misma. Solo le preocupaban sus hijos e hijas.

Amma no solo posee jñāna (conocimiento verdadero), sino que es una jñānaniṣhṭha (está firmemente instalada en el conocimiento). Ella representa eso a lo que Kṛiṣhṇa se refiere en la Gita como sthita-prajña (una persona que permanece en el elevado estado de la conciencia pura). Y esa es la fuente de su valentía. Su atención no está centrada en los fenómenos cambiantes, sino en el sustrato inmutable. Y eso la hace invencible.

Amma encarna los siguientes versos de la Bhagavad Gītā:

> *nainam chindanti śhastrāṇi nainam dahati pāvakaḥ*
> *na chainam klēdayantyāpo na śhoṣhayati mārutaḥ*
> *acchēdyō'yam adāhyo'yam aklēdyō'śhoṣhya eva cha*
> *nityaḥ sarva-gataḥ sthāṇur achalō'yam sanātanaḥ*

> Las armas no pueden destrozar el alma, ni el fuego puede quemarla. El agua no puede mojarla, ni el viento puede secarla. El alma es inquebrantable e incombustible; no puede mojarse ni secarse; es eterna, está en todas partes, es inalterable, inmutable y primordial. (23-24)

Como sabéis, decenas de miles de personas acuden a los programas de Amma. Se admite a todas, no se rechaza a nadie. Y voy a ser sincero: a veces viene al darśhan gente mentalmente inestable, e incluso con alguna enfermedad mental. Si asisten diez mil personas, puede que haya unas diez que estén relativamente desequilibradas. Si fuéramos caminando por la calle y viniera en nuestra dirección una de estas personas, seguramente cruzaríamos a la acera de enfrente. Los hay que vienen solos; a otros los trae su familia. Algunos están tan perturbados que gritan y agitan los brazos. A veces, los devotos y discípulos que ayudan en la India durante el darŝhan de Amma tienen que agarrar con fuerza los brazos de estas personas para que no la golpeen cuando los bendice. Su locura es tan intensa que parecen poseídos por demonios. Y debo admitir que los devotos y discípulos que ayudan en el darŝhan suelen ponerse un poco nerviosos, ya que estas personas podrían hacer cualquier cosa. No tienen control sobre sí mismas. Podrían morderte, golpearte e incluso estrangularte hasta la muerte.

Pero apostaría mi vida a que, si midieran el ritmo cardíaco de Amma durante esos episodios, descubrirían que no aumenta ni un latido por minuto. Eso es jñānaniṣhṭha. Ella es consciente en todo momento de que solo el cuerpo puede ser dañado, y que ella no es el cuerpo, sino el Yo Supremo.

Es posible que hayan oído hablar de la legendaria historia del rey Teseo. Se supone que el rey Teseo fundó la ciudad de Atenas, capital de Grecia. Parece que el rey libró muchas batallas. Por eso, los ciudadanos de Atenas levantaron un monumento en su honor, donde conservaron su barco. Se cree que el barco permaneció allí cientos de años; pero, a medida que pasaba el tiempo, algunos tablones empezaron a descomponerse. Las tablas podridas se reemplazaron por otras nuevas del mismo material para mantener el barco en buen estado.

La pregunta es: ¿seguirá siendo el mismo barco si cada nueva generación sigue cambiando las tablas podridas? Supongamos que hay mil tablones: ¿qué pasa si se sustituyen novecientos noventa y nueve? ¿Bastará ese único tablón que aún no ha sido reemplazado para mantener la originalidad del barco? Esta es una pregunta filosófica eterna, conocida como «el problema de la identidad».

A pesar de que la comunidad científica sigue debatiendo sobre el número exacto de células que hay en el cuerpo humano, un cuerpo medio contiene aproximadamente entre treinta y cuarenta billones de células. En realidad, sigue siendo un misterio.

Nuestros antiguos ṛiṣhis previeron estos cambios sutiles hace miles de años. Identificaron la ley de la impermanencia del universo no solo en el cuerpo humano sino en todas las apariencias externas. También adquirieron el conocimiento del principio último, la Verdad que permanece inmutable.

De acuerdo con las investigaciones médicas realizadas en Stanford y otras reputadas universidades, a excepción de determinadas células que nunca se renuevan, la mayor parte de las células del cuerpo tardan entre siete y diez años en ser reemplazadas. Algunos órganos esenciales se renuevan aún más rápidamente. ¿Os lo imagináis?

Si todas las cosas, vivas o no, están en constante cambio, ¿qué es este cuerpo físico? Me refiero a los cuerpos de todos los seres vivos. Si el cambio es una realidad, ¿cómo mantenemos nuestra identidad? Objetivamente hablando, no hay una respuesta correcta, ya que en un lapso de siete años prácticamente todas las células de nuestro cuerpo mueren y se generan otras nuevas. Así que, hablando claramente, a medida que envejecemos ni vosotros ni yo seguimos siendo la misma persona. En ese caso, ¿cuál es nuestra verdadera identidad?

Miles de años antes de la historia de Teseo, los sabios de la India nos enseñaron una técnica conocida como «nēti nēti», que significa «el método de negación». La verdad última, Brahman, no es un objeto: es el único sujeto. No es lo que se ve (que es el objeto), ni es el proceso de ver. Es el que ve, el sujeto (el Yo Supremo que hay en ti). No eres un nombre, ni las distintas modificaciones atribuidas al mismo. Eres la Verdad.

En la Bṛihadāraṇyaka Upaniṣhad se dice:

nēti nēti, na hyētasmāditi nētyanyatparamasti;
atha nāmadhēyam |
satyasya satyamiti; prāṇā vai satyam,
tēṣhāmēṣha satyam iti tṛitīyam brāhmaṇam ||

> Ahora, por tanto, la descripción (de Brahman): «no esto, no aquello». Porque no hay otra descripción más adecuada que esta: «no esto». Ahora su nombre: «la Verdad de la verdad». La fuerza vital es la verdad, y Eso es la Verdad de esta. (2.3.6)

Una atenta observación de la vida de Amma revelará que es puro vedanta en acción. Nada es insignificante o no esencial para ella. Incluso las así llamadas «cosas sin importancia» tienen un significado, ocupan su lugar en la vida, porque para Amma todo es «esencia». «Nada es insignificante o carente de importancia en la vida», dice Amma.

Hay árboles grandes y pequeños. Tenemos flores de loto grandes y flores pequeñas al borde del camino. Algunas flores tienen una fragancia dulce y otras, un olor desagradable. El pavo real de aspecto majestuoso con su plumaje extendido y el cuervo de tez negra coexisten aquí. Mientras el cuco canta melodiosamente, el pequeño gorrión lo hace a su manera. La presencia de la más minúscula criatura también es significativa. El mundo y la creación estarían incompletos si eso no fuera así. No hay que comparar. Dale valor a todo.

Por eso, Amma no desecha las quejas y debilidades de la gente corriente tachándolas de «irreales» o «ilusorias». Su forma de actuar pasa por entender el nivel de madurez de cada individuo, escuchar con la mayor empatía, dar consejos prácticos, ofrecer lo que esté en su mano para hacer que se sientan felices y en paz y poco a poco ayudarles a entender los principios espirituales. Amma es el epítome del vedanta en todos los sentidos.

Visualiza lo siguiente: estás de pie al lado de una carretera, observando los distintos vehículos que pasan: autobuses, camiones, turismos de distintas marcas y modelos, limusinas, ambulancias... tal vez, hasta un coche fúnebre. Quédate allí un rato y simplemente acepta los diferentes vehículos que pasan. Luego desvía la atención hacia la carretera. La carretera en sí es constante, permanente; es el sustrato sobre el cual todos los fenómenos cambian sin cesar. Incluso cuando el tráfico sea más denso, cuando los vehículos circulen pegados al parachoques del vecino, habrá un espacio pequeño, un hueco, por el cual podremos ver el sustrato. Si queremos llegar a ser valientes, eso es todo lo que tenemos que hacer. Hay que desviar la atención de lo cambiante a lo inmutable, de los objetos al sustrato. Eso es lo que hace Amma. Lentamente, nos ayuda a apartar nuestra atención de los objetos para dirigirla al sustrato.

3 | LLAMADA Y RESPUESTA

Casi todos conocéis la historia de Śhābari, que aparece en el Rāmāyaṇa. Era una mujer de una tribu, hija de un cazador. Śhābari servía al sabio Mātaṅga, a quien consideraba su guru, obsequiándole frutas del bosque recién recolectadas. Complacido por su devoción y desinterés, el sabio, justo antes de abandonar el cuerpo, le dijo a Śhābari que un día Rāma visitaría el āśhram y la bendeciría.

Śhābari se tomó muy en serio las palabras del sabio. A partir de ese día, con inquebrantable fe, esperó la llegada del Señor. Todos los días, con gran expectación, barría varios kilómetros de camino. Recorría el bosque retirando espinas, piedras y enredaderas caídas porque pensaba que las enredaderas se engancharían en la despeinada cabellera de Rāma. Rompía los terrones de tierra, pues no quería que lastimaran los suaves pies de Rāma. Recolectaba también frutas frescas para que el Señor las comiera. Śhābari no sabía qué aspecto tenía Rāma; pero su amor por el Señor era perfecto, su fe inquebrantable y su devoción absoluta. De esa manera pasaron trece largos años. Un día tras otro, Śhābari esperaba a su Señor. Un día llegó Rāma acompañado de su hermano Lakṣhmaṇa. En cuanto Śhābari vio a Rāma, supo que era su Señor, a pesar de que no estaba familiarizada con su apariencia. La felicidad pura que experimentó cuando lo vio le bastó para reconocerlo.

Śhābari le lavó los pies y le ofreció frutas para que comiera. Como quería darle las más dulces, antes de ofrecérselas les daba un mordisco para probarlas. Śhābari también quería asegurarse de que las frutas que le daba a Rāma no fueran venenosas. El Señor dijo:

—Madre, al igual que tu corazón, estas frutas son muy dulces, las más dulces que jamás haya comido.

En la Bhagavad Gītā, Kṛiṣhṇa dice:

patram puṣpam phalam tōyam yō mē bhaktyā
prayacchati
tadaham bhaktyupahṛitam aśhnāmi
prayatātmanaḥ

Cualquiera que me ofrezca con devoción una hoja, una flor, una fruta o agua, cualquier ofrenda piadosa de los puros de corazón, será aceptada por Mí. (9.26).

El Rāmāyaṇa dice que, aunque había otros santos deseosos de recibir a Rāma en su āśhram, Él solo visitó a Śhābari. Eso se debió únicamente a su devoción desinteresada y pura por el Señor. Según la escritura, la misma Śhābari le hizo esta pregunta a Rāma:

—Había muchos yoguis espiritualmente perfectos esperando recibir tu darśhan, pero viniste a la ermita de esta indigna devota. Oh Señor, a ti solo te importa la devoción pura, no el conocimiento, la casta, el credo o el color.

Rāma estaba inmensamente complacido por el amor y la devoción de Śhābari. Antes de irse, le dijo:

—Pide cualquier cosa. Cumpliré tu deseo.

Śhābari respondió:

—Señor, después de recibir tu darśhan, ¿qué más necesito? No tengo más deseos. ¿Para qué voy a vivir ahora? Vivía solo para verte. Mi Señor, ahora mi único deseo es unirme a ti.

Śhābari obtuvo la liberación de inmediato y abandonó su cuerpo poco después.

Śhābari era de casta inferior, analfabeta, y no tenía conocimientos de las escrituras; sin embargo, su fe inquebrantable en las palabras del guru, su firmeza y su inocente devoción la llevaron a la cima más alta de la existencia humana.

Esta es una cita de los Bhakti Sūtras del sabio Nārada:

nāsti tēṣhu jāti-vidyā-rūpa-kula-dhana-kriyādi-bhēdaḥ

> Entre ellos no hay distinciones de casta, conocimiento, belleza, linaje, riquezas, prácticas y otras similares. (72)

Recuerdo estas palabras de Amma: «A diferencia de otros caminos, el sendero de la devoción permite gozar de sus frutos desde el principio. Eso se debe a que las otras vías tienen determinadas normas y regulaciones que el practicante debe cumplir estrictamente. Algunos caminos requieren un cierto grado de pensamiento lógico y analítico, y solo quien se adhiere a él obtiene los resultados apetecidos. Por el contrario, el sendero de la devoción carece de tales reglas. La única capacidad que exige es el amor, algo natural para todos. Simplemente ama a Dios con todo tu corazón, punto. ¿Habéis visto un árbol de jaca? A diferencia de los árboles frutales normales, el árbol de jaca da frutos incluso en la base. La senda de la devoción es así. Experimentas los resultados de inmediato».

Si examinamos de cerca la historia de Śhābari que aparece en el Rāmāyaṇa, descubrimos sus tres cualidades principales: amor puro, prēma; esperanza ilimitada, pratīkṣhā; y paciencia infinita, kṣhamā. En otras palabras:

hace falta amor acompañado de esperanza y paciencia para estar capacitado como un verdadero devoto del Señor. Śhābari esperó con expectación trece largos años, y cuando llegó el Señor era anciana y frágil. Sin embargo, nunca se rindió ni puso en tela de juicio su amor, fe, esperanza y paciencia. Los auténticos devotos no se sienten satisfechos hasta que pueden ver a su Señor en toda la creación.

En la Īśhavāsya Upaniṣhad se dice:

hiraṇmayēna pātrēṇa
satyasyāpihitam mukham
tat tvam pūṣhannapāvṛiṇu
satya-dharmāya dṛiṣhṭayē

> El buscador de la verdad suplica: «Oh Sol (la Verdad), por favor, aparta el velo dorado que oculta tu rostro. Permite que tu devoto vea tu rostro que está oculto en su escondrijo». (15)

¿Qué es este «velo dorado»? Es todo lo que se adquiere o se intenta conseguir en el mundo material: poder, fama, riqueza, etc. El buscador de la Verdad dice: «No estoy interesado en ninguna de esas cosas. Lo único que pido es ver la realidad que hay tras el velo».

Normalmente, cuando la gente ve a alguien prosperar en el mundo cree que Dios es misericordioso con esa persona; pero eso no es así a los ojos de un verdadero aspirante espiritual, de un devoto que esté plenamente entregado. El devoto no piensa que las riquezas y los logros mundanos sean una bendición de Dios, sino un obstáculo en el camino. Por eso, el ṛiṣhi dice: «Por favor, no muestres tu bondad hacia mí colmándome de prosperidad material. No es esa la clase de benevolencia que deseo recibir de ti. No anhelo esa supuesta riqueza. Revela tu realidad; solo eso me hará feliz». La estrofa también puede significar: «No estoy interesado en alimentar el cuerpo y la mente, el recipiente, la cubierta exterior. Elimina todos mis apegos para que pueda experimentar mi verdadera naturaleza, el Yo interior».

Los rayos del Sol son inmensamente brillantes, tan poderosos que nos resulta sumamente difícil mirarlo directamente. Esos rayos actúan como una pantalla, como un velo que nos impide ver el Sol. Del mismo modo, no podemos ver la Verdad debido a su resplandor. Por eso nuestra oración debería ser: «Ayúdame a ir más allá de eso, para que pueda tener una experiencia directa de ti».

Lo que la gente corriente considera riqueza no significa nada para un verdadero devoto. Amma cuenta una hermosa historia de un ladrón que irrumpió en las casas de las gōpīs (lecheras) de Vṛindāvan. Pensó que les había robado todos sus objetos de valor, ya que estaban envueltos en telas exquisitas y valiosas. Sin embargo, cuando el ladrón empezó a desempaquetar el «precioso botín», cuidadosamente cubierto con varias capas de tela, lo que halló en su interior le decepcionó por completo: lo único que encontró en los paquetes fue un trozo roto de seda amarilla, una vieja pluma de pavo real desgastada, una astilla seca de pasta de sándalo, una guirnalda de tulasi seca, un recipiente medio vacío de kumkum (polvo de azafrán), una única campana perteneciente a una tobillera, un trozo roto de un brazalete, una caracola pequeña, un pedazo de un caldero de barro, etc. Todos ellos restos carentes de valor.

El ladrón estaba frustrado, y también sorprendido. ¿Por qué demonios habrían guardado las gōpīs tan cuidadosamente envueltos esos objetos inútiles? ¿Por qué eran tan valiosos para ellas? Abrumado por la curiosidad y el deseo de conocer la verdad, el ladrón, a riesgo de ser castigado, regresó a Vṛindāvan con todos los enseres a cuestas. Cuando el ladrón les devolvió lo que había robado, las gōpīs se mostraron rebosantes de felicidad. Incapaces de contener su alegría, saltaron y bailaron, como si de repente fueran dueñas del mundo entero. La cosa no quedó así: en señal de gratitud por devolverles las «cosas sin valor», se quitaron todos sus adornos de oro y se los dieron. El ladrón se quedó estupefacto. No podía entender lo que estaba pasando. Cuando bajó un poco el nivel de excitación, preguntó a las gōpīs:

—¿Puedo saber por qué son tan valiosas para vosotras estas minucias?

Las gōpīs se lo explicaron:

—Nuestro queridísimo Kṛiṣhṇa usó estos artículos hace mucho tiempo, cuando estaba con nosotras aquí en Vṛindāvan. Él utilizaba esta pluma de pavo real. Ese trozo de caldero lo rompió mientras robaba mantequilla en la casa de una gōpī. Esta tela de seda amarilla era lo que llevaba puesto el día que robó mantequilla en mi casa. Cuando intenté agarrarlo, ese pequeño trozo de tela rasgado fue todo lo que pude conseguir. Cada vez que las miramos, cada una de estas piezas nos devuelve la tremenda alegría de los días que pasamos en compañía de Kṛiṣhṇa. Son estos preciados recuerdos los que dan un poco de alegría a nuestra vida, llena de dolor por la separación de nuestro amado Kṛiṣhṇa.

Ante el amor puro e inocente de las gōpīs, el ladrón no pudo contener las lágrimas. Su corazón se derritió. Devolvió todas las joyas de oro, que tan generosamente le habían regalado. La vida de ladrón ya no le resultaba atractiva. Sintió un intenso deseo de ver a Kṛiṣhṇa. Supo por las gōpīs que Kṛiṣhṇa estaba en Mathurā y partió hacia allí inmediatamente. Allá vio por primera vez la encantadora forma de Kṛiṣhṇa. Con lágrimas de felicidad bañando su rostro, el ladrón se postró ante los santos pies de

Kṛiṣhṇa. El Señor omnisciente miró al ladrón con una traviesa sonrisa y dijo:

—Un ladrón es suficiente para Vṛindāvan.

El ladrón, sin embargo, estaba totalmente absorto en la belleza divina de Kṛiṣhṇa.

Al narrar la gloria de un verdadero devoto, el sabio Nārada dice en sus aforismos sobre la devoción:

kantha-avarōdha-rōmañcha-aśhrubhiḥ
parasparam lapa-mānāḥ pāvayanti kulāni
pṛithivīm cha.

> Esos devotos, conversando entre sí con voz ahogada, con los pelos erizados y derramando lágrimas, purifican tanto a sus familias como a la Tierra. (68)

El vínculo entre el Señor y su devoto, entre el guru y el discípulo, está más allá del intelecto y de la lógica. Es un sentimiento profundo de unidad, una identidad. Quien no haya experimentado ese amor, quien solo haya conocido el amor como una relación física entre dos personas, no podrá entender la profundidad y la pureza de ese amor. Sin duda lo malinterpretará, quizás hasta lo tilde de locura. Obviamente, aun en el amor corriente (amor mundano) se da un cierto grado de locura. «Estoy locamente enamorado de ti» es una frase que se utiliza en el mundo entero. Siendo así, la «locura» en el amor espiritual, que está más allá del amor fisiológico y emocional, todavía es mucho mayor, porque el amor, sea espiritual o mundano, es irracional. La lógica y la racionalidad no tienen cabida en el amor.

Como dice Amma: «El amor nunca envejece. Siempre es nuevo». Tanto los objetos como las personas envejecen, perdiendo utilidad y atractivo. Cuanto más envejecen, menores son la atracción y la alegría. Pero la belleza y la atracción del verdadero amor son eternas. La gente dice: «El amor que sentía por mi pareja disminuyó». La introspección imparcial revelará que, desde el principio, nunca habían sentido amor alguno por esa persona. Lo que interpretaban como «amor» solo era atracción física y emocional. El amor mundano siempre permanece en ese nivel, nunca lo trasciende. En palabras de Amma: «El amor es un sentimiento incesante. Independientemente del tiempo y el lugar, permanece siempre dentro de ti. Nadie le diría a su amada: "De acuerdo, mañana, entre las dos y las tres de la tarde, será el momento de expresar nuestro amor". ¡Sería inaudito!».

El amor es un acontecimiento misterioso. Cuanto más se intenta explicarlo, más misterioso se vuelve. Recientemente, un joven cirujano con el que estuve hablando me describió los complicados procedimientos quirúrgicos que realiza. Concluyó diciendo:

—¿Sabes, Swamīji? Como dicen nuestras escrituras, el cuerpo es una cosa miserable y desagradable. No es más que inmundicia.

Momentos después de hacer esta afirmación desvió la conversación hacia su novia y me contó que no podía convencer a sus propios padres de que tenía que casarse con esa chica. Se emocionó y me dijo:

—Es que no puedo vivir sin ella.

¿Veis la obvia contradicción de la actitud del médico? En primer lugar, describió la naturaleza repulsiva del cuerpo humano. Instantes después estaba hablando de su amada con gran excitación y emoción. ¿Qué significa eso? Quiere decir que el amor está más allá del cuerpo. En realidad, no percibe el cuerpo, sus limitaciones, la suciedad, la fealdad y todos los sentimientos mezquinos. El amor, sea corriente o espiritual, trasciende el intelecto humano y todos sus cálculos.

No hay forma de medir el amor. Solo se puede observar o percibir lo identificado que se siente uno con su amante. Cuanto más nos identifiquemos con nuestro amante, más amor poseeremos. Por ejemplo: ¿Cuál sería tu respuesta si alguien te preguntara qué amas más, tu trabajo o a tu esposa? La respuesta que des de forma espontánea, sin pensarlo ni un instante, revelará el grado de tu amor. Sea cual fuere la respuesta, revelará la fuerza de tu identificación. Dependiendo del grado de identificación, también se puede adquirir una sensación de unidad con el amante. En esta clase de relación, la comunicación tiene lugar sin necesidad de palabras. Ese fenómeno también se da en el amor corriente. Hemos oído hablar de muchos episodios en los que los amantes dicen: «Estaba pensando en hablar con ella y justo entonces me llamó». «Soñé que me presentaba a sus padres y me llevé una gran sorpresa cuando de hecho me los presentó al día siguiente. Y ni siquiera le había hablado del sueño».

Si algo así sucede hasta en el amor común y corriente, que es un sentimiento —o sensación— asentado en los planos físico y emocional de la conciencia, el amor espiritual, una experiencia que trasciende los dominios del cuerpo y de la mente, ciertamente unirá al devoto con el Señor y al discípulo con el guru de una manera mucho más profunda. En esta comunión, la dimensión del efecto «llamada y respuesta» también es considerablemente mayor.

De las innumerables experiencias que en su misericordia me ha regalado Amma, me gustaría contaros un acontecimiento que muestra el poder de lo que llamamos «llamada y respuesta». En 1981, cuando Amma me pidió que obtuviera una licenciatura en Filosofía, le pregunté:

—¿Quién me dará clase?

Amma respondió:

—Hay un catedrático en Changanassery (una ciudad que está a unos cincuenta kilómetros del āśhram). Ve a hablar con él y vendrá aquí para enseñarte.

Fui en busca de ese catedrático, con quien nunca antes había coincidido. No sabía si estaría dispuesto a venir al āśhram para instruirme, pero tenía plena confianza en las palabras de Amma. Descubrí que el catedrático era un eminente erudito que había escrito más de veinticinco libros. A mediados de la década de los setenta había ido a Estados Unidos como becario Fulbright para realizar estudios superiores de filosofía occidental.

Primero fui a su casa. Su mujer me dijo que estaba en la universidad, así que me acerqué allí. Mientras esperaba para verlo, imaginé que de un momento a otro aparecería ante mí una persona seria, sumamente madura, ataviada con ropa moderna. Estaba un poco nervioso, ya que nunca lo había visto y no tenía ni idea de cómo sería. Cuando llevaba media hora esperando en un aula, entró en la sala un señor de aspecto curioso. Al principio pensé que era un tipo cualquiera, y me quedé boquiabierto cuando se presentó como el catedrático a quien estaba esperando. No quisiera faltarle al respeto, pero, si soy sincero, parecía una versión india, mucho más divertida, de Hardy, el del famoso dúo cómico «Laurel y Hardy». Tenía los labios enrojecidos debido a la combinación de hojas de betel, tabaco y nuez de areca (pān) que había estado masticando. Tenía la boca tan llena de esa mezcla que apenas podía hablar. A la vista de aquel turbante enrollado alrededor de su cabeza, del dhōti doblado y de aquellos grandes ojos con expresión de sorpresa, pensé para mis adentros: «¡Qué tipo más raro! Olvídalo, no va a venir a darte clases. Y en caso de que viniera, ¿cómo voy a aprender, sentado frente a un tipo de aspecto tan extraño? Le pediré a Amma que busque a otro». Aunque me sentía muy incómodo en su presencia, me presenté y le expliqué el motivo de mi visita. Inmediatamente me respondió:

—No puedo ir allí. No lo haré. No tengo tiempo. Si quiere, venga aquí los fines de semana. Intentaré encontrar algo de tiempo para usted.

Y después agregó:

—Además, soy ateo. No tengo ninguna gana de pasar tiempo en el ambiente de un āśhram.

La suerte estaba echada. Se levantó del asiento y se dirigió hacia la puerta. Yo también estaba a punto de irme, en vista de que no había podido convencerlo para que me diera clase en el āśhram. Cuando me di la vuelta para salir del aula, oí una voz a mis espaldas.

—Un momento... —era otra vez el catedrático, que siguió diciendo—: Por alguna razón, si le miro a la cara no puedo decirle que no, así que iré el próximo fin de semana a su residencia para ver el ambiente.

De repente, me di cuenta de que aquello era cosa de Amma.

Como ocurre a veces con los intelectuales, ese catedrático era un poco excéntrico. Algunos días comenzaba la clase antes de que yo llegara, a pesar de que era su único alumno. Una vez, apenas un par de semanas después de que empezara a venir al āśhram, me enzarcé con él en una acalorada discusión. Por aquellos días solo disponíamos de unas pequeñas cabañas como alojamiento. Amma estaba dando darśhan en una de ellas, en el extremo más alejado de la propiedad, mientras que el catedrático y yo nos habíamos sentado en el otro extremo, donde estaban los padres de Amma. Justo antes de que empezara la clase, me volví para ver la foto de Amma y recé. En cuanto terminé mis plegarias, el catedrático hizo el siguiente comentario:

—¿Por qué reza? ¿Acaso va a escuchar ella sus oraciones? El trabajo duro es lo único que importa. Aparte de eso, ningún Dios o guru va a venir a ayudarle.

Su comentario me dolió mucho. Sentí que alguien había cuestionado no solo mi fe en Amma, sino la tradicional relación entre el guru y el discípulo en conjunto. Por supuesto, no es tarea mía andar convenciendo a la gente sobre las bondades de mi camino y de mi fe. No hay ninguna necesidad de ello. Sin embargo, en el calor del momento respondí con firmeza:

—Sí, Amma escucha todas y cada una de las oraciones. ¿Quiere usted comprobarlo?

—Sí, si acepta usted el desafío —respondió.

Con voz severa y con todo mi corazón, le dije al catedrático:

—Espere y verá. Estamos lejos de la cabaña donde Amma está dando darśhan, y yo estoy aquí sentado con usted. Pero esté atento, que en unos instantes Amma enviará a alguien para que me llame.

—Bueno, habrá que verlo —dijo—. Estoy seguro de que eso no va a ocurrir.

—No hay duda de que Amma me va a llamar —le aseguré—. Cuando eso suceda, ¿irá a postrarse ante ella?

Para entonces habían pasado cuatro fines de semana desde que el profesor empezara con sus clases. Aun así, no había saludado a Amma ni una sola vez. Estaba bastante seguro de que Amma no me llamaría, ya que hasta ahora nunca había sucedido algo así en mitad de una clase.

Desde un punto de vista lógico, y teniendo en cuenta las circunstancias, no había ninguna razón para que yo recibiera una llamada repentina e inesperada de Amma. En aquellos tiempos nada era tan urgente. Entonces el catedrático dijo:

—Sí, le aseguro al cien por ciento que lo haré. Le doy mi palabra.

Pero las decisiones del universo son impredecibles... Apenas habían pasado un par de minutos cuando apareció un brahmachārī frente a la puerta de la cabaña y me informó:

—Amma te está llamando.

Dejé al catedrático allí sentado, con los ojos fuera de sus órbitas, y salí corriendo a ver a Amma. Cuando llegué, me miró y me hizo una sola pregunta:

—Hijo, ¿has llamado a Amma?

No encontré palabras para expresar lo que sentía en mi interior. Mientras la miraba con el corazón lleno de amor y gratitud, vi que el catedrático entraba en la cabaña del darśhan y caía a los pies de Amma. Tal es el poder de la verdadera oración.

Amma dice: «Dios siempre escucha nuestras oraciones. Sin embargo, solo tenemos derecho a rezar. Es voluntad de Dios decidir cuándo llegará la respuesta. Está en sus manos. Las reglas humanas de llamada y respuesta no le son aplicables. Debemos tener una fe firme en que, cuando sea que Dios responda, ahora, más tarde o en otro nacimiento, será por nuestro bien. A veces Dios responde de inmediato. Si es así, recuerda que es para que nuestra fe se vuelva más intensa. Una respuesta tardía, tras un largo período de espera, significa que Dios quiere que profundicemos en nuestra fe. Y, si no hay respuesta, hay que pensar que Dios nos tiene reservado algo divino».

El principal objetivo del guru es mostrarle al discípulo que en realidad guru y discípulo son uno, que ambos pertenecen a la misma Conciencia. El corazón del discípulo se encuentra cerrado, bloqueado por capas de negatividad acumuladas a lo largo de innumerables nacimientos. Un intenso tráfico de pensamientos y emociones congestiona su mente. El guru conoce todas las técnicas necesarias para despejar ese tráfico incesante. También conoce todos los atajos para llegar más rápido al destino, pues solo él está familiarizado con las teclas correctas para abrir el corazón. Una vez abierto el corazón, el guru empuja suavemente al discípulo hacia el inmenso océano de *sat-chit-ānanda* (ser puro, conciencia pura y dicha pura). El corazón es la puerta de entrada a Dios y al conocimiento del Yo Supremo.

No es fácil alcanzar ese «punto de apertura del corazón». La culpa la tiene la mente. Actualmente, esta mente de costumbres profundamente arraigadas, llena de innumerables dudas, ha superado por completo al corazón y ha conseguido dominarlo. Es difícil convencer a la mente de algo. La mente lo acumula todo: lo bueno y lo malo, lo necesario y lo que no lo es. Tenía un amigo que sentía la necesidad de tocar todos los vehículos aparcados que encontraba en su camino. Sin importarle si nosotros, sus amigos, estábamos con él, o si la gente lo estaba observando, él seguía enganchado a esa extraña costumbre. Nos burlábamos de él por actuar de esa forma tan rara, pero él alegaba: «No puedo evitarlo. No tengo más remedio que hacerlo». La mente humana funciona de manera semejante. Quiere «tocar» cualquier cosa, tenga o no sentido.

A pesar de lo críticos que solemos ser, la mayor parte de las veces ni siquiera somos capaces de actuar lógicamente. Permitidme que os ponga un ejemplo. Muchas personas tienen preguntas importantes para Amma, relacionadas con la toma de decisiones trascendentales en sus vidas. El problema es que puede que ya hayan decidido mentalmente lo que van a hacer. Su única esperanza es que

Amma esté de acuerdo con su decisión... En caso contrario, piensan que Amma no les ha orientado correctamente. Esa es una actitud equivocada, carente de devoción, amor y fe, que solo busca la confirmación de lo que ya estaba decidido. Se ha invertido el orden lógico de las cosas. Si tienes tanta confianza en tu propia capacidad para tomar decisiones, ¿por qué buscar el consejo de Amma? Ruega por la bendición del guru, sigue adelante y actúa como creas conveniente. Pero luego no culpes a Dios o al guru. O permanece abierto, acepta la guía del guru y actúa en consecuencia.

Una satguru como Amma es igual que el amigo más digno de confianza. Ella nos toma de la mano y nos lleva por el camino correcto, nos ayuda a abrir los ojos y a trascender la mente. Entonces se abre el tercer ojo y empezamos a mirar hacia nuestro interior. Las Upaniṣhad nos dan multitud de ejemplos de genuina guru-bhakti (devoción por el guru). Hay muchas historias de discípulos que se iluminaron simplemente gracias a su devoción, obediencia, desinterés y entrega al guru. Esa guru-bhakti funciona como la electricidad que pasa de un extremo a otro de un cable eléctrico, del guru al discípulo.

La experiencia trascendente de los antiguos ṛiṣhis, tal como se transmite en las escrituras, nos muestra indicios muy claros de una realidad suprema, una inteligencia cósmica. Sin embargo, en lo que respecta a los discípulos y devotos, Dios es solo un concepto, una imagen que ven en un templo o en un lienzo. Todos estos conceptos que se describen en las escrituras toman forma en un satguru. El satguru es la encarnación del amor, la compasión, la pureza, la paciencia, el autodominio, la perseverancia, la sutileza y todas las demás cualidades nobles. Ellos constituyen la única prueba de la existencia de Dios, la realidad suprema. La presencia, las palabras y las acciones del satguru afirman inequívocamente: «Sí, Dios es porque el guru es».

Por eso se afirma en la Guru Gīta:

dhyānamūlam gurōrmūrtiḥ pūjāmūlam gurōḥ padam
mantramūlam gurōrvākyam mōkṣhamūlam gurōḥ kṛipā

La raíz de la meditación es la forma del guru;
la raíz de la adoración son los pies del guru;
la raíz del mantra es la palabra del guru;
la raíz de la liberación es la gracia del guru.
(1-2)

4 | LA MÚSICA DIVINA QUE ME DESPERTÓ

Cuando oímos la melodía de una flauta de bambú, lo primero que nos viene a la mente es la forma de Muralīdharan, de Kṛiṣhṇa, que tocaba siempre música divina con su flauta. La música que salía de su flauta de bambú era tan encantadora y melodiosa que incluso atraía a los pájaros, a los animales y a los seres celestiales.

Muralī (la flauta) y Muralīdharan se asemejan a la relación entre el devoto y el Señor. Pero,

en mi opinión, Kṛiṣhṇa no vivió únicamente en Vṛindāvan y Mathurā; no fue solo el hijo de Devakī y Vāsudēva. No existió solo en Dvāpara Yuga, ni residió exclusivamente en Dwārakāpuri. Él está aquí y ahora conmigo, viviendo en este mundo. Ha cambiado su apariencia física, pasando de una forma masculina a una femenina, y también es conocido por un nuevo nombre: Amma, Sri Mata Amritanandamayi Devi. Asimismo, ha trasladado su residencia de Dwārakāpuri a Amritapuri.

Puede que te sientas decepcionado si esperas ver al mismo Kṛiṣhṇa que vivió hace cinco mil años, el que nació en Mathurā y fue llevado a Vṛindāvan, donde se divirtió con los gōpas —vaqueros— y las gōpīs, el cabello engalanado con una pluma de pavo real, tocando la flauta de bambú; el mismo que se convirtió en cochero del gran guerrero Arjuna (el tercer hermano Pāṇḍava) en la guerra del Mahābhārata y que dio al mundo la más profunda enseñanza, conocida como la Bhagavad Gītā. ¿Por qué tienes que sentirte decepcionado? Dios es infinito y no se repite. Dios no adopta dos veces la misma forma. Solamente los seres humanos, cuyos recursos son limitados, hacen lo mismo una y otra vez, hasta el aburrimiento. Dios, siendo infinito, adopta infinitos nombres y formas. No hay en Él aburrimiento; solo hay amplitud.

En Kṛiṣhṇa se daba una hermosa e impecable combinación de las energías cósmicas en sus vertientes femenina y masculina, y mantenía un equilibrio perfecto entre los aspectos del creador y la creadora. Así es también Amma. Alguien podría preguntarse: ¿y qué pasa con la flauta? Es lógico que se plantee esa cuestión. Lo que salía de la flauta de bambú de Kṛiṣhṇa no era solo música; era la melodía imperecedera del amor supremo, que atraía a todas las criaturas, móviles e inmóviles. Los bhajans de Amma producen el mismo efecto: no es posible escucharlos sin sentirse atraído irremediablemente por ella.

La palabra kṛiṣhṇaha se deriva de la raíz sánscrita kṛiṣh, que tiene distintos significados: atraer, arar y desarraigar. Esos términos adquieren pleno significado en presencia de Amma. Amma es el amor puro que mueve los corazones a entregarse a ella. Es la satguru que ara el campo de nuestra mente y nos purifica al hacer añicos las piedras y los terrones de las impurezas. Siembra las semillas de las virtudes nobles en nuestro interior y nos ayuda a obtener gradualmente el fruto del conocimiento del Yo Supremo. Si se observa de esa manera, se verá que Kṛiṣhṇa y la música de su flauta divina y la santa presencia de Amma, que es la fuente del amor sin límites, son uno. Amma es la canción sagrada del amor supremo que toca y despierta lo divino en la humanidad.

Las almas que han alcanzado el autoconocimiento forman una unidad con la realidad trascendente sin forma. Para poder adoptar una forma que les permita realizar su labor en el mundo, tienen que hacer un saṅkalpa especial. Ese saṅkalpa solo puede describirse como el resultado de su amor puro y su compasión por la humanidad. Sin embargo, mientras se dedican a la misión divina que tienen encomendada, permanecen completamente intactos y desapegados de las acciones y sus resultados. Están perfectamente instalados en el estado de sahaja samādhi y no tienen sentido del «yo» ni de lo «mío». Aun en medio de todas las actividades, están totalmente libres de ego y se mantienen siempre alegres.

La Muṇḍaka Upaniṣhad describe esto maravillosamente:

dvā suparṇā sayujā sakhāyā samānam vṛikṣam pariṣhasvajātē
tayōr anyaḥ pippalam svadu atti anaśhnan anyō abhicākaśīti
samānē vṛikṣhē puruṣhō nimagno anīśhayā śōchati muhyamānaḥ
juṣhṭam yadā paśhyati anyam īśham asya mahimānam iti vītaśhōkaḥ

Como dos pájaros de plumaje dorado, compañeros inseparables, se posan en una rama del mismo árbol. Uno de ellos prueba los frutos dulces y amargos del árbol; el otro, sin probar ninguno, mira con calma. En el mismo árbol, el yo individual (jīva), engañado por el olvido de su identidad con el Yo Supremo, desconcertado por su ego, se aflige y está triste; pero cuando reconoce al otro como el Señor adorado por todos y reconoce su gloria, se libera del dolor. (3.1.1-2)

Aquí, en este mundo de diversidad, Dios, los seres humanos y todos los seres vivos existen juntos. En realidad, la existencia es imposible sin Dios. «Existo» significa que «solo soy porque Dios es». Esta conciencia le libera a uno de todas las formas de dolor, como la tristeza, la ansiedad, la depresión, la ira, la codicia, la envidia, el odio, el apego y la aversión, etc. Todos ellos no son más que retoños de la aflicción (śhōka), síntomas de la enfermedad conocida como saṁsāra, el océano de dolor.

Un ser iluminado también vive en este mundo y funciona por medio del cuerpo y la mente. Al verlos, los ignorantes que confunden el cuerpo con el Yo Supremo podrían creer que estas grandes almas también tienen un sentimiento de dualidad. Sin embargo, estos seres están totalmente separados del cuerpo y completamente centrados en el Yo.

Mira el ḍamaru de Śhiva (un pequeño tambor que sostiene en una de las manos). El instrumento se parece a dos triángulos unidos por los vértices. Es ancho en ambos extremos y estrecho en medio. En esta imagen se halla escondido el más elevado secreto espiritual. El yo individual, el jīva, y el Yo Supremo, Śhiva, están, en realidad, unidos. Son lo mismo. La individualidad no es más que la totalidad hecha presente en un nombre y forma específicos.

Vi a Amma por primera vez una noche de 1979. Llegaba con muchas preguntas y pensaba hacerle algunas: sobre el futuro, si me iría bien en los exámenes de licenciatura y otras consultas similares. Los que me acompañaban me dijeron:

—No hace falta que le digas nada. Ella te lo contará todo.

Decidí averiguar si era cierto.

En aquellos tiempos ni siquiera conocía el abecé de la espiritualidad. Tampoco tenía ni idea de la gran guru que es Amma. La única información con que contaba procedía de la explicación incompleta, y no muy convincente, que me habían dado mis compañeros. Además, en mi estado mental, lo que más me importaba era recibir una respuesta a la pregunta de qué hacer con mi vida, y resolver así mi ansiedad acerca del futuro. La decisión más importante que estaba dispuesto a tomar era si debía ser actor, cantante o alguna otra cosa.

Estábamos atravesando la ría en una barca, cuando a mitad del camino pude oír las notas de una canción. La voz, que venía del otro lado de la ría, era conmovedora y tenía un encanto sobrenatural. A medida que nos acercábamos al lugar, la melodía se oía mejor. Era Amma cantando. Su voz era indudablemente diferente; tenía una dimensión indescriptible, muy especial. ¿Tendría el poder de abrir espontáneamente los corazones? Sí, eso fue lo que pensé...

La canción que estaba cantando Amma era:

ammē bhagavati nitya kanyē dēvi
enne kaṭākṣippān kumbiṭunnēn

Oh Madre Divina, Virgen Eterna, me inclino ante Ti por tu amable mirada.

En aquel tiempo no existían ni el Mata Amritanandamayi Math ni el āśhram. Los únicos edificios que había eran la casa donde vivían los padres de Amma, un pequeño templo y un cobertizo contiguo hecho de hojas de coco con techo de paja. No obstante, el entorno tenía un encanto fascinante y todo el lugar poseía un atractivo irresistible.

Cuando me detuve delante del templo, uno de los que había venido conmigo me susurró al oído:

—¿Quieres cantar unos bhajans?

Pensé: «¿Por qué desperdiciar esta oportunidad?». Canté de buena gana algunas canciones devocionales. Mientras cantaba en la pequeña terraza, mi mente se fue quedando abstraída. Me pareció que Amma, que estaba dando darśhan a los devotos dentro del santuario, me había mirado una o dos veces... Sí, lo había hecho, estaba seguro.

Amma me dijo:

—Mientras cantabas, Amma supo que esa voz estaba destinada a fusionarse con Dios. En ese momento, Amma te enlazó con su mente.

«Enlazarme con su mente». No entendí lo que Amma quería decir con aquello. Pero cuando, después de nuestro primer encuentro, mi percepción de la vida dio un giro de ciento ochenta grados, esa experiencia en sí misma me aclaró por sí sola las palabras de Amma.

Ese primer día, cuando llegó mi turno, me acerqué a Amma para recibir su darśhan. Al acercarme, las preguntas con las que había estado entreteniéndome hasta hacía apenas unos instantes empezaron a diluirse lentamente, como la nieve bajo el calor del sol. En cuanto estuve en los brazos de Amma, no pude decirle nada. En esos ojos y en su rostro contemplé un océano de compasión.

Solo puedo verbalizar la experiencia como sigue: «Fue como beber del amor y el cariño de todas las madres del mundo. Experimenté de forma abrumadora que podía tocar todo ese amor allí mismo, en ese momento». Me vi sumergido en un gran maremoto. Lo que siguió fue indescriptible. La experiencia fue como regresar a casa después de largos años de exilio; como un prisionero que, tras muchos años en la cárcel, hubiera sido liberado cuando menos lo esperaba. Era un poco como un anciano enfermo que regresara a su adolescencia. Tal vez se pareciera más a un mendigo que hubiera sido bendecido, sin razón aparente, con la lámpara mágica de Aladino. Pero ni siquiera estos ejemplos son comparables a la generosidad y la plenitud de esa experiencia.

Sin ser consciente de ello, las puertas de mi corazón se abrieron de golpe. Derramé lágrimas a borbotones, lágrimas de felicidad que desbordaban mi corazón. Abrazándome con fuerza, Amma me susurró al oído:

—Hijo, ¿qué es lo que buscas? Eres mío, hijo mío, y yo soy tu madre.

Y después Amma me reveló todo lo que había en mi mente. Pero yo me encontraba en un estado en el que tanto mi mente como mis palabras habían sido suprimidas. En ese momento me di cuenta de que todo lo que había considerado «importante» en la vida carecía por completo de importancia.

No encuentro palabras para describir adecuadamente mi primer encuentro con Amma. Esta descripción es solo la punta del «iceberg», la minúscula parte que aflora al intentar presentar de forma tangible cuál fue mi experiencia intangible. Eso fue hace cuarenta años... ¡Qué rápido ha pasado el tiempo; cuántos cambios se han producido! El āśhram ha madurado hasta convertirse en una gran organización con filiales en el mundo entero; los devotos se cuentan por millones; se realizan actividades humanitarias que traspasan las fronteras nacionales; se suceden los elogios y reconocimientos por parte de las Naciones Unidas y de otros países —aparte de la India— por esas actividades; Amma está logrando avances revolucionarios sorprendentes en los campos de la educación, la medicina y la investigación científica; los homenajes internacionales se suceden. Y la lista sigue creciendo.

Amma es el símbolo y la representante de la antigua sabiduría procedente del admirable linaje de los ṛiṣhis, los visionarios de la India. Por tanto, está más allá de todas las barreras: de idioma, nacionalidad, cultura, color, etc. El destino de su vida es elevar a toda la humanidad. Utilizando las propias palabras de Amma: «Para mí, el mundo entero es como una flor. Cada pétalo representa un país. Si un pétalo está infestado de plagas, los demás también se verán afectados. Amo la flor en su conjunto porque la belleza de la flor está en su integridad».

La Mahā Upaniṣhad, que forma parte de la tradición del Samavēda, dice:

ayam bandhurayam nēti gaṇanā laghuchētasām
udāracharitānām tu vasudhaiva kuṭumbakam

> La distinción «esta persona es mía, y esta otra no» la hacen solo los de mente estrecha (es decir, los ignorantes que permanecen en la dualidad). Para los de conducta noble (es decir, los que conocen la Verdad Suprema), el mundo entero es una familia (una unidad). (6.72)

Amma es la encarnación misma de esta afirmación de la Upaniṣhad; pero, a pesar de todo, sigue siendo la misma de siempre. La vida de Amma nos recuerda las palabras de Kṛiṣhṇa: «*kūṭastham achalam dhruvam*», «Lo que es inmutable, inmóvil y eterno» (Bhagavad Gītā 12.3).

Utilizando las palabras de Amma, «hubo momentos en que la gente sembró mi sendero de espinas. En aquellos tiempos, y también ahora que la gente esparce flores en mi camino, permanezco como Eso. Siempre he sido una con Lo Único».

Si el profesor no estuviera en la clase, ¡qué peleas y qué ruido habría! Pero, si los alumnos vislumbran a lo lejos la sombra del profesor, se quedan quietos y callados. La presencia de almas como Amma tiene un efecto semejante.

Todo sucede por su mera presencia, sannidhi mātrēna.

Una vez oí un poema donde se presentaba a Dios como el gobernante del universo que manejaba todo con el simple movimiento de sus cejas. ¿Cómo es eso posible? ¿Tiene cejas Dios? Y, de ser así, ¿cómo puede controlar el universo con el simple movimiento de sus cejas? Es normal que surjan dudas. Para ser sincero, no sé mucho sobre este asunto, ya que, como el resto de la gente, no tengo mucho conocimiento sobre ese Dios. Pero he visto que todo funciona de la manera correcta, en el momento correcto, solo por la mera presencia de Amma.

Se puede aprender todo simplemente mirando a Amma. Su vida es un libro de referencia perfecto para personas de todas las nacionalidades, idiomas, culturas y creencias religiosas. En su vida encontramos el ejemplo supremo de la verdadera meditación, el amor genuino, la compasión, el desinterés, la paciencia, el autodominio y la determinación. Amma nos muestra cómo relacionarnos con toda clase de personas, hasta con nuestros enemigos. Todos los días muestra con su ejemplo la manera de tratar con sus hijos e hijas de todas las edades, la gestión perfecta de la mente y de las situaciones externas, el modo de administrar el tiempo, el tratamiento de desechos, la gestión de desastres y hasta la gestión del dinero y de todos los demás aspectos de la vida.

Hay arte en todas las acciones de Amma. Con eso no quiero decir que sea una artista. Por el contrario, ella es el arte en sí mismo: la diosa Lakṣmī y Saraswatī encarnadas. Amma no es una cantante, pero sus canciones llegan hasta el fondo, tocan el corazón humano y crean oleadas de amor y de dicha. Amma no es una oradora, pero sus palabras producen una transformación en el corazón de las personas. Amma no es una bailarina, pero cuando baila nos olvidamos de nosotros mismos de pura felicidad.

Cada uno de nosotros ha nacido dos veces. La primera, cuando salimos del útero materno; la segunda, cuando encontramos a un satguru. Los bebés son inocentes, pero su inocencia no dura mucho. A medida que van creciendo, sus egos también crecen. Sin embargo, cuando nos encontramos con un satguru, la inocencia vuelve a despertarse en nuestro interior. El niño interior que yacía dormido, renace. Cuando miremos este universo con esos ojos de inocencia, todo será como una página del libro de las virtudes, un mensaje divino de Dios. Poco a poco redescubriremos nuestro estado innato de inocencia.

Cuando fui a ver a Amma por primera vez, en junio de 1979, renací como un niño. Tenía veintidós años de edad. Desde entonces, me he seguido agarrando al borde del sari de Amma, y así he seguido hasta el día de hoy. Han pasado cuarenta años, pero ante Amma todavía soy un niño. Así es como me gusta. Si se es un niño, se puede aprender mucho. También a una madre le resulta fácil enseñarle a un niño. Las puertas del conocimiento se nos cierran en el momento en que pensamos: «Soy un adulto y ya soy mayor». Es más fácil crecer si nuestro corazón se amplía y nuestro ego se encoge.

A pesar de que han pasado cuarenta años, esa primera experiencia transformadora en presencia de Amma y las palabras que pronunció en mi oído aún resuenan en mi corazón. La presencia de Amma es mi Dwārakā. Ella es mi Kṛiṣhṇa. De ella emana el canto eterno del amor, la música divina del amor puro e incondicional. La vida y las acciones de Amma constituyen el objeto de mi meditación. Su voz y sus palabras son para mí los sonidos de la flauta divina, la dulce melodía que me despertó de un profundo sueño.

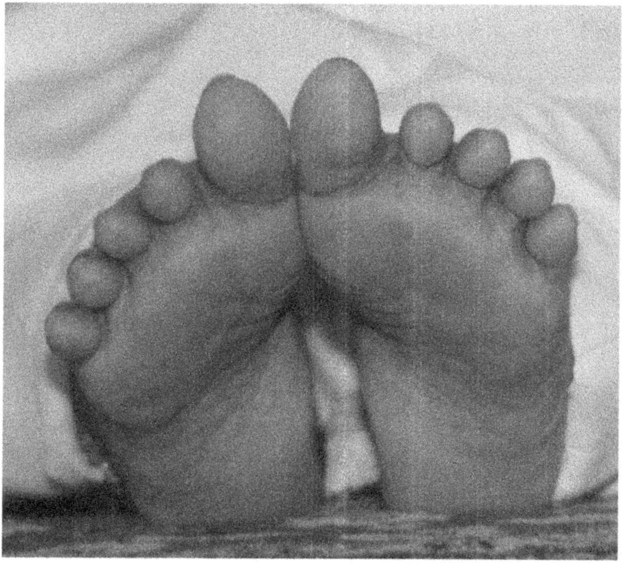

5 | SAHASRAPADĒ NAMAḤ

rāmam daśharatham viddhi māṁ viddhi janakātmajām
ayōdhyām aṭavīm viddhi gaccha tātayathāsukham (Ayōdhyā Kanda, 2.40.9)

Esta estrofa ha sido aclamada como la más importante del Rāmāyaṇa. Aparece en el siguiente contexto: Rāma y su sagrada consorte Sītā Dēvī estaban preparados para partir al exilio en el bosque. Los acompañaba Lakṣhmaṇa. Entonces Sumitrā aconsejó a su hijo Lakṣhmaṇa:

—Hijo, considera a Rāma como a Daśharatha, a Sītā (la hija de Janaka) como si fuera yo misma (Sumitrā) y el bosque terrible como Ayōdhyā. Que tengáis un buen viaje y que regreséis.

Esta estrofa tiene además un significado esotérico. Daśha significa «diez». Con esta palabra, Sumitrā insinuó que había que ver a Śhrī Rāma como una de las diez encarnaciones de Viṣhṇu. La palabra mām, por tanto, puede interpretarse como referida a la diosa Lakṣmī (la consorte de Viṣhṇu). En otras palabras, lo que Sumitrā quería decir era: «Recuerda que Sītā no es otra que la misma diosa Lakṣmī».

¿Qué pasa con el bosque? Representa lo que nadie ha podido conquistar, es decir, el Vaikuṇṭha, la inexpugnable morada de la paz consagrada a Viṣhṇu. «Oh, hijo, ponte en marcha con fe resuelta y regresa felizmente sano y salvo». En resumen, la estrofa significa: «Donde mora Rāma, aunque sea un bosque, allí está Ayōdhyā, la verdadera morada de la paz. Y donde el Señor no está, ese lugar se convierte en un bosque».

Dicho brevemente: el lugar donde se manifiesta la presencia divina de un alma con conciencia del Yo Supremo, se convierte realmente en Ayōdhyā. Ayōdhyā significa el lugar sin yuddha (conflicto, guerra), la tierra de la paz suprema. En cualquier parte del mundo donde se encuentre un maestro que conozca el Yo, ese lugar se transforma en un ámbito de felicidad y belleza eternas. Ese ambiente se transmuta en «el ámbito del ātmā», un espacio donde puedes experimentar la amplitud de tu Yo interior.

Me viene a la mente un suceso que ocurrió hace unos años en un retiro en la Costa Dorada de Australia. Llegamos allí después de realizar programas en Melbourne, Sídney y Brisbane. El precioso lugar destinado al darśhan y la estancia de Amma estaban cerca del mar, al lado de una larga playa de arena blanca y pura. Se trata de un destino turístico muy popular al que acuden decenas de miles de personas del mundo entero para surfear y relajarse.

El programa duró tres días. Al tercer día, el darśhan continuó hasta el amanecer. El viaje de regreso a la India era esa misma noche. Al atardecer, Amma salió de su habitación inesperadamente y caminó directamente hacia la playa. En cuanto la vieron, devotos llegados de todas partes convergieron como abejas atraídas por el néctar de un jardín en flor.

Estar con un maestro perfecto es una experiencia muy profunda. La atracción es irresistible. Ocurre lo mismo que con las limaduras de hierro y un potente imán: nada puede evitar que las partículas de metal se vean atraídas por el imán. Si alguien les dice: «Dejad de juntaros, ¿por qué no os alejáis?», no funcionará. Como la naturaleza del imán consiste en atraer, la naturaleza del metal lo lleva a gravitar hacia un imán.

En el amor puro, la mente se detiene y los pensamientos dejan de existir. Pensar no tiene mucho sentido, ni siquiera en el amor corriente. En realidad, pensar demasiado arruina el amor. Los pensamientos pertenecen al pasado o al futuro; el amor tiene lugar en el presente. Cuando dos personas se enamoran, no piensan: «Debería, no debería...». Es algo que sucede espontáneamente.

He oído decir: «El amor no puede explicarse ni entenderse». Cuando se le pregunta a alguien «¿por qué amas?», la respuesta es: «no lo sé, simplemente lo hago». Porque el amor no viene de la mente para conocerlo, sino del corazón para sentirlo.

La Bṛihadāraṇyaka Upaniṣhad afirma:

ēṣha prajāpatir yad hṛidayam, ētad brahma,
ētad sarvam; tad ētat tryakṣharam; hṛidayam iti.
hṛityēkam akṣharam; abhiharantyasmai svāśh
chānyē cha, ya ēvam vēda; da ityēkam akṣharam,
dadatyasmai svāśh chānyē cha ya ēvam vēda;
yam,

> *ityēkam akṣharam; ēti svargam lokam ya ēvam vēda.*
>
> Esto es Prajāpati, este corazón (intelecto). Es Brahman, lo es todo. Hṛidayam (corazón) tiene tres sílabas. «Hṛ» es la primera. A quien lo experimenta, su propia gente y otros le traen (regalos). «Da» es otra sílaba. Al que lo sabe, su propia gente y otros le dan (sus poderes). «Yam» es la última sílaba. Quien lo conoce va al cielo (svarga). (No al cielo donde uno pasa el resto de su vida disfrutando de placeres, sino el estado de dicha eterna, de unidad con la Conciencia Pura). (5.3.1)

El «corazón» al que se hace referencia en esta estrofa no es el órgano fisiológico que bombea la sangre; es el corazón espiritual, el centro del cuerpo humano, donde experimentamos todos los sentimientos profundos. En todas partes la gente dice: «Mi corazón se abrió cuando lo vi»; «tengo cerrado el corazón»; «me dolía el corazón por los que lo perdieron todo en el desastre». Amma siempre dice: «Abre el corazón y reza».

Según la traducción, la raíz sánscrita de la palabra «hṛidayam» se compone de tres sílabas: «hṛ» significa tirar de algo, atraerlo. Te conviertes en el centro de atracción. Atraes a todo el universo. «Da» significa «dar» en ambas direcciones. Tú das todo a todos y ellos también te lo dan todo a ti. Eso incluye toda la creación. La tercera sílaba, «yam», significa «ir», ascender a la cima más alta de la existencia. Este es el significado último de hṛidayam, el corazón.

El corazón es el aspecto más impenetrable del cuerpo. La estrofa de la Upaniṣhad anteriormente citada habla de ese corazón, del Dios que está dentro de nosotros, de los rincones más íntimos de un individuo.

La Bhagavad Gītā dice:

īśhvaraḥ sarva-bhūtānām hṛiddēśhē'rjuna tiṣhṭhati
bhrāmayan sarva-bhūtāni yantrārūḍhāni māyayā

El Señor habita en el corazón de todos los seres, oh Arjuna, y por su māyā los hace girar (como si estuvieran) montados en una máquina. (18.61)

Por eso meditamos en el corazón, porque ahí es donde se encuentra Dios, es el lugar donde se siente que está el «tú» que hay en ti. Esa es la razón por la cual la mayor parte de las personas de todo el mundo consideran el «corazón» el punto más refinado, natural y simple del cuerpo.

Regresemos ahora a la historia donde la dejamos. En la playa, rodeada de devotos, Amma estaba de pie con la mirada fija en el horizonte. Su estado de ánimo y la expresión de su rostro se hallaban más allá de nuestra comprensión. Al cabo de un rato, tomó un poco de agua de mar con las manos, la elevó con veneración hasta la frente y se la volvió a ofrecer al mar. Luego cerró los ojos suavemente.

Mientras el rostro de Amma mostraba la majestad de una paz profunda, los devotos permanecían inmóviles, con la mirada fija en ella, disfrutando de esa presencia maravillosa. Lentamente, Amma abrió los ojos. Luego se puso a caminar hacia el mar. Los devotos la siguieron sin pedir permiso.

—Hijos, tened cuidado. Permaneced con los pies bien clavados en la arena —aconsejó Amma con amor. Cuando el agua le llegó justo por debajo de las rodillas, Amma se detuvo.

Tras unos minutos de meditación silenciosa, levantó ambas manos hacia el cielo y cantó: «*Shrishtiyum niye, srashtavum niye, saktiyum niye, satyavum niye, Dēvī, Dēvī, Dēvī.*» («Tú eres la creación. Tú eres también la Creadora. Eres el Poder Supremo y la Verdad, oh Diosa.»)

Los devotos también cantaron, repitiendo cada verso con total abandono. Mientras el sonido de las olas del mar seguía coreando la sílaba sagrada «Ōm», disminuían las ondas de pensamiento en la mente de los devotos.

Amma, rebosante de felicidad, cantó otro bhajan: *«Kotanu koti varshangalai satyame tetunnu ninne manushyan.»* (El hombre te ha estado buscando, oh Verdad, durante eras.)

Cuando la canción terminó, a pesar del sonido de las olas, las vibraciones puras creadas por los bhajans propiciaban un estado de quietud interior.

—Vámonos. Ya está anocheciendo.

Cuando oyeron la voz de Amma, los devotos recuperaron la conciencia del lugar y el tiempo en que se encontraban. Una multitud de personas se había reunido y estaba mirando: paseantes, corredores, nadadores, surfistas y los que habían ido para disfrutar de un poco de soledad. Oí decir a algunos:

—Es la santa de los abrazos.

Otra persona dijo:

—Me gustaría experimentar la calidez de su abrazo.

Pronto la orilla de la Costa Dorada se convirtió en otro escenario de darśhan, iluminado por los matices de la puesta de sol. Eso no era nada nuevo. Durante los viajes de Amma, todos los espacios se convierten para ella en lugares de darśhan, desde aeropuertos y aviones en pleno vuelo hasta arcenes de carretera, parques y edificios gubernamentales del mundo entero.

Cuando terminó el darśhan junto al mar, Amma se puso a caminar por la playa. De repente me asaltó una idea; fue un llamamiento interior espontáneo, pero poderoso. «Amma ha estado todo este tiempo en el agua. ¿Acaso no está santificada la arena por el contacto de sus santos pies?». Antes de que Amma pudiera alejarse, me incliné y tomé un puñado de la arena que había estado bajo sus pies. Ella empezó a caminar hacia tierra firme. Saludé con veneración la arena que tenía entre mis manos. Me quedé mirando a Amma mientras caminaba por la playa con los devotos.

Instantes después, Amma se volvió y me dijo:

—Hijo, ¡cuánto amor y devoción sientes por el puñado de arena que has tomado de donde estaba Amma! Pero te has olvidado de una cosa, hijo mío: cada grano de arena de la Tierra lleva la huella de los pies de Amma. Ella ha pisado todas y cada una de las partículas. Por tanto, hijo, debes esforzarte por desarrollar el mismo amor y la misma veneración que sientes por ese puñado de arena por todos los objetos del mundo, grandes y pequeños, por cada átomo.

Esas palabras, rebosantes de su habitual amor y cariño maternales, sobrepasaron la comprensión de mi mente y penetraron en los recovecos más profundos de mi corazón. No pretendo haber entendido completamente el significado de esas revelaciones, que igualaban en profundidad las afirmaciones de las escrituras. Las palabras de Amma, profundas y poderosas, lograron calmar mi mente durante algún tiempo. Experimenté un atisbo de la verdad que había en la afirmación de Amma: «Cada grano de arena de la Tierra lleva la huella de los pies de Amma. Ella ha pisado todas y cada una de las partículas».

El Puruṣha Sūktam del Rig Vēda dice:

> *ōm sahasraśhīrṣhā puruṣhaḥ sahasrākśhah*
> *sahasrapāt*
> *sa bhūmim viśhvatō*
> *vṛitvā'tyatiṣhṭhaddaśhāngulam*

> Mil cabezas tiene el Puruṣha (el Yo Cósmico), mil ojos y mil pies. Envuelve la Tierra por todas partes y la trasciende diez dedos más allá. (10.90)

En esta estrofa, la totalidad trascendente de toda la creación (la Tierra) se conoce como el Puruṣha, el Yo Cósmico. La palabra «daśhāṅgulam» significa «diez dedos». Se cree que, en el cuerpo humano, la distancia desde la zona del ombligo hasta el corazón es de diez dedos. El número «diez» simboliza «lo infinito». Eso se debe a que se cree que los números solo llegan hasta el nueve; todo lo que va más allá se considera innumerable.

El corazón es el asiento o el hogar del Ātmā o Dios. El ombligo simboliza el origen del mundo manifestado. Esa es la razón por la que del ombligo de Viṣhṇu emerge una flor de loto con un tallo largo y flexible. También vemos a Brahmā, el creador, sentado sobre ese loto. La naturaleza infinita del Yo Cósmico está velada por el brillo de los objetos mundanos.

Me quedé estupefacto mirando a ese ser extraordinariamente maravilloso, Amma, que acababa de desvelar concisamente el tesoro que contenía las joyas de la verdad universal y ahora se reía y jugaba con los devotos con plena inocencia, como si no supiera nada. Yo seguía agarrando con fuerza el puñado de arena que había estado bajo sus pies. Amma y los devotos seguían caminando. En ese momento, se volvió y me miró. En su rostro había una traviesa sonrisa.

—Hijo, ¿por qué sigues ahí parado? ¡Ven rápido!

Cuando oí la llamada de Amma no me demoré más y corrí hacia ella. Nos queda un largo trecho por recorrer antes de alcanzar ese inmenso cielo de conciencia que Amma encarna. Así que escuchemos la llamada de Amma. Debemos caminar con ella y esforzarnos por seguirle el paso.

«Cada grano de arena de la Tierra lleva la huella de los pies de Amma. Ha pisado todas y cada una de las partículas». Esta sublime afirmación todavía palpita con cada latido de mi corazón. Aún puedo escuchar los ecos de ese mantra lleno de poder. Sigue resonándome en los oídos, en el corazón y en cada átomo de mi ser...

El único deseo de Amma, la satguru, es que todos sus hijos e hijas crezcan y se vuelvan como ella, tan amplios como el cielo, y de ese modo alcancen el estado de Maternidad Universal. Por eso Amma nos dice constantemente: «Hijos, vosotros sois la esencia divina de Ōm. Creced como seres entrañables y fundíos con el Ōm eterno».

6 | EL GURU ES DIOS ENCARNADO

Dios es un Yo Trascendente. Ese poder indescifrable está más allá de la comprensión humana. La naturaleza inconcebible de Dios facilita que muchas personas, especialmente los llamados ateos y agnósticos, nieguen la existencia de un poder absoluto que controla el universo. Por el contrario, hay científicos eminentes que creen en el «misterio» del universo. He aquí una cita de Albert Einstein, uno de los científicos más venerados de la historia: «Todos los que están seriamente comprometidos con el cultivo de la ciencia se convencen de que en todas las leyes del universo se manifiesta un espíritu muy superior al hombre, ante el cual nosotros, con todos nuestros poderes, debemos sentirnos humildes».

El matemático Shrinivasa Ramanujan, de quien se dice que fue un genio, admitió abiertamente que la Diosa (Namagiri Dēvī) le había revelado las fórmulas matemáticas más complejas. Igualmente, Sir Isaac Newton afirmó: «Lo que sabemos es una gota; lo que no sabemos es un inmenso océano. La admirable disposición y armonía del universo solo puede provenir del plan de un ser omnisciente y omnipotente». Podría citar a muchos otros...

Hace poco un devoto cercano de Amma que trabaja en el Laboratorio Nacional de Los Alamos (Estados Unidos) me contó algo. Una vez, Leon M. Lederman, un físico de partículas que ganó el Premio Nobel de Física en 1988, visitó el laboratorio. Mientras hablaba con un grupo de alumnos de secundaria, uno de ellos le preguntó si tenía algún mensaje para los estudiantes. Él respondió:

—No sé, no sé, no sé.

Lo que quiso decir es que nuestra actitud debe ser: «qué poco sabemos sobre cualquier cosa del universo». En consecuencia, estaba subrayando la importancia de la humildad. Ha escrito un libro llamado *Symmetry and the Beautiful Universe.* Leon M. Lederman cree que todo lo que hay en el universo está interconectado, desde el más pequeño de los átomos hasta el magnífico cosmos entero. Él fue quien acuñó la expresión «partícula de Dios» para referirse al bosón de Higgs.

Miles de años antes del nacimiento de la ciencia moderna y mucho antes de que los científicos contemporáneos empezaran a aventurarse en los misterios del universo, las escrituras hindúes, en particular los Vēdas y los textos vedánticos, mediante un análisis lógico y una argumentación indiscutibles, demostraron la existencia de una superinteligencia conocida como Dios, o la Conciencia Suprema, la realidad única que subyace a la diversidad del mundo. Tiene que haber un espíritu misterioso y atemporal que mantenga el movimiento armonioso y ordenado de este universo, que existe en un tiempo siempre cambiante. Los antiguos ṛiṣhis lo llamaban «Brahman», la Conciencia Absoluta, el Yo Supremo, el que no tiene principio, mitad ni fin. Describieron ese Yo Trascendente como «más pequeño que lo más pequeño y más grande que lo más grande», más allá de las palabras, la mente y el intelecto.

He aquí hay una estrofa sánscrita de la Kathōpaṇiṣhad relacionada con esto:

> *aṇōraṇīyān mahatō mahīyānātmāsya*
> *jantōrnihitō guhāyām*
> *tamakratuḥ paśhyati vītaśhōkō dhātuḥ prasādān*
> *mahimānamātmanaḥ*
>
> Más sutil que lo sutil, más grande que lo más grande, el Ātmā descansa en el corazón de cada ser vivo. El que está libre del deseo, con la mente y los sentidos serenos, ve la gloria del Ātmā y queda absuelto del dolor. (1.2.20)

La palabra «Bhāratam» (India) significa lo que está dedicado a la luz, el brillo del conocimiento. En ningún otro lugar se puede encontrar tal diversidad y magnitud ecológica y biológica. Los antiguos ṛiṣhis nacidos en la India investigaron los misterios del universo y comprendieron la unidad que subyace a la diversidad del mundo. La India antigua tenía maestros en todas las ramas del conocimiento, como demuestra lo que sigue:

- Āchārya Āryabhaṭṭa, maestro astrónomo y matemático,
- Bhāskarāchārya, genio del álgebra,
- Āchārya Kaṇāda, experto en teoría atómica,

- Ṛiṣhi Nāgārjuna, mago de la ciencia química,
- Āchārya Charaka, padre de la medicina,
- Suśhruta, padre de la cirugía plástica,
- Varāhamihira, eminente astrólogo y astrónomo,
- Patañjali Maharṣhi, exponente de la ciencia del yoga,
- Bharadvāja Maharṣhi, pionero en la tecnología de la aviación,
- Kapila Maharṣhi, padre de la cosmología, y muchos más.

Como dice Amma: «Los ṛiṣhis nunca consideraron que la ciencia y la espiritualidad fueran dos cosas distintas. Para ellos, la ciencia y la espiritualidad eran complementarias, no contradictorias».

Aunque los antiguos visionarios describían la realidad última del universo como algo sin nombre, sin forma e inmutable, que no tiene principio, mitad ni fin, también creían que ese principio es la esencia de todo lo que hay en la creación, tanto de los seres sensibles como de lo insensible. Así, mediante una vida de riguroso tapas (prácticas ascéticas), demostraron al mundo que todos los seres humanos tienen la capacidad de conocer esta verdad inherente. La Kathōpaṇiṣhad dice:

> *yadā sarvē pramuchyantē kāmā yē'sya hṛidi śhritāḥ*
> *atha martyō'mṛitō bhavatyatra brahma samaśhnutē*

> Cuando se desprende de todos los deseos adheridos al corazón, el mortal se vuelve inmortal y aquí (mientras está vivo) alcanza el Brahman. (2.3.14)

Pero la Upaniṣhad también expone con toda claridad que este conocimiento supremo no puede ser impartido por una persona cuyo saber provenga únicamente de los libros.

> *na narēṇāvarēṇa prōkta ēṣha suvijñēyō bahudhā chintyamānaḥ*
> *ananyaprōktē gatiratra nāstyaṇīyān hyatarkyamaṇupramāṇāt*

> Cuando es un hombre de comprensión inferior quien lo enseña, este Ātmā no puede ser verdaderamente conocido, aunque se haya reflexionado en él con frecuencia. No

> hay forma (de conocerlo) a menos que sea enseñado por otro (un maestro iluminado) porque es más sutil que lo sutil y está más allá de cualquier argumento. (1.2.8)

Las Upaniṣhad son la palabra de los maestros que conocen el Yo Supremo. Estos visionarios de la verdad última intentaron expresar lo inexpresable, lo que está más allá de la mente y las palabras, y por eso el lenguaje que utilizaron para contar su experiencia subjetiva tuvo que ser de naturaleza sutil. Puede sonar como un rompecabezas contradictorio para una persona no iluminada que no esté instalada en el Brahman Supremo. Esas personas no pueden transmitir este conocimiento supremo acerca del Yo, el auténtico núcleo de nuestra existencia. Sin embargo, cuando este conocimiento sutil es transmitido por un conocedor del Yo Supremo, alguien más allá de toda sensación de dualidad, no se produce ninguna duda o alteración. Ese es el significado de la estrofa anterior.

Los textos religiosos de todas las creencias representan a Dios como el ser más compasivo, la encarnación de todas las virtudes: el amor puro, el sacrificio, el desinterés, la nobleza, la humildad, la sencillez, la intrepidez, etc. ¿Es posible hablar con semejante Dios? ¿Podemos ver, tocar, sentir y experimentar a un Dios tal como lo describen las escrituras? Desde tiempos inmemoriales se ha buscado a un Dios dotado de estas cualidades. Y muchos se dieron cuenta, tanto en el pasado como en el presente, de que el Dios que estaban buscando no estaba fuera, sino dentro. También comprendieron que la conciencia de esta verdad prístina los transformaría en una encarnación de todas las cualidades divinas, tal como se explica en las escrituras hinduístas. Habiendo desvelado el misterio de la existencia, estos maestros espirituales iluminados compartieron este precioso conocimiento con los que buscaban conocer la verdad acerca de Dios. Así fue como se instauró la tradición de la relación entre el guru y el discípulo, que sigue vigente actualmente y seguirá estándolo en el futuro. En presencia de estos seres extraordinarios, se puede vislumbrar a Dios. Una persona de mente abierta y sin prejuicios que examine seriamente la realidad puede contemplar la gloria de Dios, lo ilimitado de su amor, compasión y demás virtudes.

Llamamos a un físico por ese nombre porque ha adquirido un profundo conocimiento de la Física, de las relaciones entre la materia y la energía. Un actor, cantante o pintor de talento es conocido como un artista dotado. Del mismo modo, tenemos benditos médicos virtuosos, maestros, líderes, etc. ¿Los reconocemos y los valoramos? Sí, lo hacemos. Un artista, científico o maestro que posea un talento extraordinario puede entrenar y formar a un discípulo hasta convertirlo en otro genio extraordinario. En todos los ámbitos podemos encontrar destacadas personalidades que posteriormente transmitieron su conocimiento o su talento. De lo que se trata es de «conocer las sutilezas» de la forma de arte o ciencia en cuestión. Negándose a permanecer en la superficie o en la periferia, eligen sumergirse profundamente en el conocimiento de ese tema, hasta que logran adquirir un cierto grado de identidad o de unidad con ese conocimiento. Por ejemplo, un actor que interprete el papel de un hombre de una tribu ha de ser capaz de asimilar los modales y la vida de un miembro de esa tribu, al menos en cierta medida, o no podrá representar al personaje de una manera conmovedora e impactante. En ese caso, el actor deberá identificarse hasta un cierto grado con el personaje que interpreta. Del mismo modo, contamos con vocalistas e instrumentistas que saben cantar y tocar como los ángeles y mantener al público hipnotizado horas y horas. Eso es posible porque consiguen penetrar en el alma de su particular forma de arte. No es raro que la gente se dirija a estas personas de talento excepcional como a la encarnación más elevada de ese tema o forma de arte. De la misma manera, quien conoce la totalidad, Brahman, se vuelve uno con Esa realidad absoluta. Por eso dice la Muṇḍaka Upaniṣhad:

sa yō ha vai tat paramam brahma vēda
brahmaiva bhavati
nāsyābrahmavitkulē bhavati
tarati śhōkam tarati pāpmānam
guhāgranthibhyō vimuktō'mztō bhavati

El que conoce el Brahman más elevado se convierte en verdad en Brahman, y en

> su linaje no nacerá nadie que no conozca el Brahman. Cruza más allá del dolor, la virtud y el vicio y, liberado de los nudos del corazón, se vuelve inmortal. (3.2.9)

Un maestro espiritual perfecto, que está instalado permanentemente en ese estado de unidad, en la verdad inalterable de la existencia, es realmente Dios; lo extraordinario encarnado en una forma humana ordinaria. Observando a esas personas llegamos a entender que Dios existe. Por medio de ellas podemos contemplar la gloria de Dios, sentir el poder de Dios y experimentar la belleza de Dios. Estos seres espirituales sirven de puente, de enlace entre Dios y el mundo. Ponen en comunicación de manera impecable el mundo de los nombres y las formas y el Yo Supremo sin nombre ni forma. Solo ellos o ellas son capaces de guiar a otros por el camino que lleva a Dios.

Amma pone un ejemplo sorprendente. «Un desconocido va a una casa donde una mujer y su hijo de siete años están solos. El marido ha ido a hacer algunos recados. La señora se siente un poco incómoda frente a un desconocido. ¿Cuál es la forma más fácil y eficaz de afrontar esa situación? Podría quedarse en su habitación y enviar al hijo a averiguar el motivo de la visita. El niño podría moverse libremente de un lado a otro entre la habitación de su madre y la sala de estar donde está sentado el desconocido y transmitir sus respectivos mensajes, ¿no es así? Igualmente, el guru tiene la libertad de moverse entre el mundo empírico de los acontecimientos y el reino desconocido de Dios. El satguru es el puente que nos conecta con lo Supremo. Él o ella está familiarizado con ambos mundos». Para un discípulo no hay más Dios que su guru.

La Śhvetāśhvatara Upaniṣhad afirma categóricamente:

> *yasya dēvē parābhaktiḥ yathā dēvē tathā gurau*
> *tasyaitē kathitā hyarthāḥ prakāśhantē*
> *mahātmanaḥ*

> Estas verdades, cuando se enseñan, brillan solo en aquel cuya elevada alma siente una devoción suprema por Dios y el mismo grado de devoción por el guru. (6.23)

El poder de un verdadero maestro espiritual que se ha instalado en el estado último de autoconocimiento es infinito. La pregunta fundamental es: ¿cómo podemos identificar a un guru así? En el campo de batalla de Kurukṣhētra, Arjuna le hizo la misma pregunta a Kṛiṣhṇa.

sthita-prajñasya kā bhāṣhā samādhi-sthasya kēśhava
sthita-dhīḥ kim prabhāṣhēta kim āsīta vrajēta kim

Señor, ¿cuál es la naturaleza de alguien que está siempre instalado en el estado de Conciencia Suprema? ¿Cómo habla una persona iluminada? ¿Cómo se sienta? ¿Cómo camina? (2.54)

En las siguientes dieciocho estrofas, Śhrī Kṛiṣhṇa explica dieciocho señales inequívocas que permiten reconocer a un sthita-prajña, alguien que permanece en el elevado estado de la Conciencia Pura. Esta lista detalla los atributos de un alma perfecta tal como los describe Kṛiṣhṇa en la Bhagavad Gītā:

1. Los sthita-prajñas están más allá de todos los conflictos de los pares de opuestos (dvandatīta). Se han liberado por completo de todos los gustos y aversiones, apegos y fobias. No tienen sentido del «yo» ni de «lo mío». Aceptan por igual todas las experiencias duales de la vida, como el dolor y el placer, la virtud y el vicio, la honra y la deshonra y el bien y el mal.
2. La vida de los sthita-prajñas es un ejemplo perfecto de la realidad última del Ātmā, el Yo Supremo, la divinidad potencial en todos los seres. Por su palabra y su obra, los sthita-prajñas expresan la unidad y la identidad de toda la existencia.
3. Independientemente de las circunstancias externas, que son siempre cambiantes, los sthita-prajñas permanecen instalados en un ininterrumpido estado de dicha, que es la naturaleza del Yo interior. Nada afecta al conocimiento puro o jñāna de un sthita-prajña.
4. Los sthita-prajñas son lo extraordinario encarnado en una forma humana ordinaria. Dado que también viven en este

mundo, se pueden comportar como seres humanos corrientes; sin embargo, siempre son conscientes de la realidad absoluta, la unidad suprema.

5. Al carecer de ego, los sthita-prajñas no tienen una actitud de ser el hacedor, no se atribuyen nada. Pueden realizar acciones, pero estas no los atan, ya que no están identificados con el cuerpo y la mente.
6. Los sthita-prajñas están siempre tranquilos y serenos, son pacíficos y felices. Permanecen imperturbables aun en medio del caos total.
7. El conocimiento de los sthita-prajñas nace de su conciencia de la unidad de la totalidad de la existencia. Su sabiduría trasciende todas las formas de adoración, los lugares de culto, las prácticas espirituales y las escrituras.
8. Como los sthita-prajñas son uno con la conciencia universal, su libertad es infinita. Por tanto, no necesitan adherirse a los usos y costumbres de la sociedad, ni a las tradiciones, mandamientos, etiquetas, etc. Es posible que los sigan, a pesar de todo, pero

estas prácticas no serán vinculantes en modo alguno. Por otra parte, los sthita-prajñas no impondrán su libertad a nadie ni perturbarán las normas y reglamentos —o el código de conducta— establecidos por la sociedad.

9. Los sthita-prajñas pertenecen al mundo entero, a todas las naciones, a todas las culturas, a toda la creación. Existen en beneficio de todos los seres, de todas las épocas. Su auténtica naturaleza es el amor y la compasión. Los sthita-prajñas consideran que todo el universo es su morada.
10. Los sthita-prajñas no tienen expectativas en absoluto. Son los gobernantes del universo porque no tienen deseos y viven perfectamente controlados.
11. Los sthita-prajñas no son benditos, sino la bendición misma. Son la pureza encarnada y la personificación del conocimiento supremo. Están permanentemente instalados en la experiencia espiritual más elevada, el sahaja samādhi, de donde no se vuelve.
12. Los sthita-prajñas no son necesariamente grandes oradores, sino personas de acción.

Son un modelo perfecto para todos, sea cual sea su forma de vida.

13. La existencia de los sthita-prajñas se desarrolla justo en la frontera entre el mundo empírico de los acontecimientos y la Conciencia Suprema.
14. En los sthita-prajñas confluyen todos los caminos espirituales. Son bhaktas (devotos) perfectos, karma yoguis (el que sigue la senda del servicio desinteresado) y jñānīs, personificaciones del advaita vēdānta (filosofía no dual). Dependiendo de las circunstancias y las necesidades, pueden ser lo que deseen.
15. Plenamente instalados en el estado de desapego y con visión ecuánime, los sthita-prajñas no tienen amigos ni enemigos. Siempre satisfechos en su Yo Supremo, no ven diferencia alguna entre quienes los insultan y quienes los glorifican.
16. Habiendo conocido el Brahman absoluto, que no tiene principio, mitad ni final, el Yo Supremo nunca nacido e inmortal, los sthita-prajñas son absolutamente intrépidos.

17. Para los sthita-prajñas Dios es limitado e ilimitado, con forma y sin forma, inmanente y trascendente.
18. Los sthita-prajñas conceden la misma importancia a todos los caminos espirituales. Como todo está lleno de la conciencia de Dios, nada es insignificante o desdeñable. Según ellos no hay materia inerte, nada es insensible. Como solo Dios existe, todo lo que existe es conciencia.

En la estrofa dieciocho del capítulo quinto de la Bhagavad Gītā se dice:

> *vidyā-vinayasampannē brāhmaṇē gavi hastini*
> *śhuni chaiva śhva-pākē cha paṇḍitāḥ samadarśhinaḥ*
>
> Los conocedores del Yo miran de la misma manera a un brahman dotado de sabiduría y humildad, una vaca, un elefante, un perro y un paria.

A fin de ilustrar la profundidad de esta estrofa, permitidme contaros un episodio de la vida de Amma. Yo mismo fui testigo de este incomparable acto de compasión, justo el día que conocí a Amma. Dattan, un leproso, acudía al darśhan regularmente. Era muy conmovedor, y al mismo tiempo impresionante, ver cómo Amma derramaba su amor y su compasión sobre él, a pesar de que tenía el cuerpo totalmente desfigurado y cubierto de heridas que supuraban sangre y pus. Dado que Amma considera a todos como hijos suyos, lo abrazaba con el mismo amor y compasión que mostraba a todos los demás, tal vez hasta con mayor empeño. Amma lamía sus llagas a la vista de cientos de devotos. Para todos los presentes, aquello era a la vez horrible y profundamente conmovedor. Con el tiempo, Dattan se curó por completo. La única medicina que recibió fue la saliva de Amma. Todas sus heridas desaparecieron y en su cuerpo solo quedaron las cicatrices.

Los avatares —o encarnaciones de Dios— como Amma son como el viento. Soplan en todas partes: en las montañas, a través de los valles, en el Ganges, así como en aguas fangosas y estancadas, en edificios elegantes y barrios marginales, en flores fragantes y pestilentes y en personas virtuosas y viciosas. No albergan absolutamente ningún sentimiento de dignidad o indignidad.

A los satgurus también se los reconoce como avatares de Dios. De hecho, un auténtico satguru es un verdadero avatar. No tengo ninguna duda de que Amma es una encarnación extraordinaria de Dios y estoy convencido de que todos los devotos que observan con atención su vida y sus acciones comparten esta misma creencia.

Uno se puede preguntar si hay alguna diferencia entre un alma que ha alcanzado el conocimiento del Yo Supremo y un avatar. No la hay si tenemos en cuenta que ambos están situados en el mismo nivel de la experiencia espiritual más elevada. En esencia, ambos están eternamente absortos en el estado de sat-chit-ānanda. Pero hablando objetivamente sí que la hay: la diferencia fundamental entre un avatar y un ser iluminado es que el primero tiene compasión, amor, desinterés, paciencia, perdón y autosacrificio infinitos. Toda su vida está dedicada a elevar espiritualmente a la sociedad. Dirigen hacia su meta a los aspirantes espirituales que buscan a Dios. Dicho en una sola frase: «un avatar es la encarnación de la compasión».

Por el contrario, un alma iluminada, aunque se halla instalada en el mismo elevado estado de unidad, permanece absorta en la dicha suprema, totalmente despreocupada por el mundo y por los que se han extraviado en él. A principios de los años ochenta, Amma nos brindó muchas oportunidades de estar en presencia de estos seres iluminados. Aunque su unidad con el Yo Supremo era obvia y tangible, estaban completamente desconectados de los acontecimientos cotidianos del mundo. No les importaba nada ni nadie; no eran conscientes en absoluto de su existencia corporal, de su entorno, ni del dolor y sufrimiento de los demás. Así pudimos apreciar el hermoso contraste que existe entre el estado de un avatar y el de un ser iluminado. Su nivel de conciencia y de autoconocimiento son los mismos, pero parecen haber elegido una forma completamente diferente de permanecer en este mundo. En realidad, solo un alma iluminada tiene el poder interno de elegir. Como son uno con lo infinito, sus elecciones también son infinitas. No tienen barreras.

A principios de los años setenta, poco después de que Amma comenzara a manifestar el Dēvī Bhāva, su padre, Sugunanandan, pensando que su hija estaba poseída por algún ser divino, exigió que Dēvī abandonara su cuerpo. Naturalmente, estaba preocupado por su bienestar físico y mental. También quería que llevara una vida normal. Así que entró en el templo durante el Dēvī Bhāva y le rogó a «Dēvī» que renunciara al control sobre el cuerpo de su hija. Amma respondió diciendo:

—Si te devuelvo a tu hija, pronto no será más que un cadáver, empezará a descomponerse y tendrás que enterrarla.

No obstante, Sugananandan se mantuvo firme e insistió con vehemencia en su petición. Finalmente, Amma dijo:

—En ese caso, aquí está tu hija. Tómala.

Amma se desplomó en el acto. Su cuerpo se puso rígido, su corazón dejó de latir y se detuvo su respiración. Todo indicaba que estaba muerta. Lleno de remordimientos y derramando abundantes lágrimas, Sugunanandan imploró a la Madre Divina que le devolviera la vida a su hija. Los devotos que habían acudido al bhāva darśhan estaban destrozados de dolor y rezaron fervientemente junto con Sugunanandan. Pasaron ocho horas antes de que se produjera un leve movimiento en su cuerpo y ella volviera a la vida.

Este acontecimiento muestra cómo un alma con conocimiento del Yo Supremo puede morir y volver a entrar en el cuerpo conscientemente. Si bien todos morimos inconscientemente, cuando aprendemos a morir podemos elegir nuestro nacimiento y nuestra muerte. Están completamente bajo nuestro control. El cuerpo es el objeto, mientras que el Ātmā, el Yo Supremo, es el sujeto, la Conciencia Pura.

Amma dice: «A menudo oímos a la gente referirse al "dolor de la muerte". En ningún lugar del mundo oímos a nadie hablar de "la dicha de la muerte". En realidad, si se elimina por completo el ego, podemos celebrar nuestra muerte del mismo modo que celebramos nuestro cumpleaños. Cuando morimos conscientemente, sabemos que la muerte es solo la muerte del cuerpo. Cuando el ego muere, experimentamos una libertad absoluta».

El cuerpo (el objeto) es un conglomerado compuesto de cinco elementos: espacio, aire, fuego, agua y tierra. Tiene sus propias limitaciones y está obligado a cambiar, decaer y regresar a su fuente original. Por el contrario, el sujeto, el Ātmā, el Yo Supremo, la energía pura que nos constituye, es diferente. Equivale a todo lo que escuchamos, tocamos, vemos, saboreamos y olemos, a todo lo sensible e insensible, a todo lo tosco y sutil, a todos los hechos y también al misterio. Cuando comprendemos esta unidad intrínseca, somos verdaderamente uno con el universo. Somos el universo. Es como una semilla que se convierte en árbol. En realidad, la semilla es un árbol en estado latente. Esta conciencia transforma y revela las posibilidades ilimitadas que yacen en nuestro interior, la energía inconmensurable que realmente somos. El descubrimiento de nuestra verdadera naturaleza nos abre la puerta de lo infinito.

Los seres humanos creemos que disfrutamos de una gran dosis de libertad. No obstante, la realidad es que estamos sujetos a innumerables limitaciones. El libre albedrío y la libertad de elección que creemos tener solo existe en nuestros sueños. En la mayor parte de los casos, actuamos como una vaca que tuviera una soga atada al cuello y el otro extremo atado a un árbol. Entonces, ¿tenemos libre albedrío? Sí, lo tenemos, pero en la misma medida que una vaca atada.

Una vez, un discípulo le preguntó al guru:

—Maestro, ¿cuánta libertad de elección tengo?

El maestro le indicó que levantara una de sus piernas. El discípulo levantó la pierna izquierda.

—Ahora levanta también la derecha —dijo el maestro.

—¿Cómo voy a hacerlo? Perderé el equilibrio y me caeré, ¿no es cierto? —respondió el discípulo.

El maestro sonrió y le explicó:

—Tienes razón. Por eso tu libertad de elección se limita a levantar una de tus piernas. Antes de hacerlo, eres libre de levantar la pierna derecha o la izquierda. Sin embargo, cuando la acción de levantar una de las dos haya finalizado, ahí termina tu libertad.

En los Vēdas, y en otras antiguas escrituras hindúes, podemos encontrar referencias al sacrificio de animales. La palabra sánscrita utilizada para designarlo es paśhu. Aunque la acepción más corriente de esa palabra es «vaca», también significa ganado o animal en general. El origen etimológico de la palabra parece ser la raíz sánscrita paśh, que significa cuerda, un símbolo de esclavitud. Así que el verdadero sentido del uso de esta palabra consiste en recordarnos que todos somos cautivos del ego, que todos permanecemos encadenados a causa de la ignorancia. Las riendas de nuestra vida están en manos del ego, que carece de verdadero conocimiento y conciencia. El término «paśhu» nos indica que, en lugar de vivir una vida anclada en nuestro verdadero Yo, vivimos de una forma completamente egocéntrica, atados por las ligaduras de nuestras emociones inferiores. Así que, cuando los ṛiṣhis hablaban de sacrificar «paśhu», lo que realmente querían decir era que debemos ir más allá de nuestras tendencias animales, debemos trascenderlas, renunciar al ego y ser libres.

En nuestra vida tiene lugar una lucha constante entre nuestro pasado, «lo que fuimos», y el futuro, «lo que queremos ser». Así es como se forma el ego. Entre el pasado y el futuro está «el momento presente», la morada de la paz y la felicidad verdaderas. Por desgracia, seguimos desaprovechando este momento, y nos vemos arrastrados continuamente hacia el futuro por el deseo del karma phala (el resultado de nuestras acciones). Es una experiencia enormemente intensa y persistente. Nos sentimos como la vaca con una soga atada al cuello, tirando sin cesar de la persona que sostiene el otro extremo de la cuerda. Cuando esta pelea se detiene, o cuando renunciamos a ella, nos volvemos completamente libres.

¿Qué es lo que nos mantiene atados y nos vuelve limitados, finitos? Nuestras ideas erróneas sobre la vida y el mundo, nuestra relación con las personas y los objetos y nuestra propia existencia física. Esta concepción fundamentalmente equivocada de la vida genera una cadena poco inteligente de apegos que nos ata a todos y a todo aquello con lo que entramos en contacto. Amma dice: «Cuando etiquetamos la vida como "mi vida", "tu vida", "su vida", etc., estamos creando una división que en realidad no existe. Todas las limitaciones residen únicamente en tu mente, en tus pensamientos. Son solo conceptos mentales. En realidad, la vida es la totalidad de la conciencia».

La vida tiene un valor inestimable para todos. Esta es una verdad indiscutible. Sin embargo, ¿qué sabemos de la vida? ¿Sabemos algo sobre su dimensión más elevada, sobre su naturaleza infinita? Cuando decimos «mi vida», ¿alguna vez pensamos que nos estamos refiriendo solamente al «trocito de cielo» que alcanzamos a ver a través de la mirilla de nuestra mente? Por supuesto, ese pequeño «trozo» forma parte del cielo infinito. Ese fragmento que contemplamos es en realidad uno con el cielo. El satguru nos ayuda a darnos cuenta de ello y a vivir con esa conciencia.

Un maestro perfecto es aquel que ha trascendido todos los conceptos erróneos creados por el ego limitado: el cuerpo, la mente —incluidas las emociones—, el mundo y los objetos del mundo. Su nivel de conciencia ha alcanzado la cima más elevada. Es uno con el cielo infinito, con la totalidad de la existencia. Por eso tiene la capacidad interior de elegir, porque la libertad de la que disfruta no tiene fisuras ni está adulterada.

La unión definitiva con Dios resulta tan absorbente que es posible que se tienda a olvidar el mundo y la existencia física propia a causa de esa incomparable felicidad. Un ser iluminado puede permanecer totalmente ajeno al mundo y no preocuparse por el sufrimiento de la gente. Puede no ayudar, guiar ni responsabilizarse de la gente que anda a tientas en la oscuridad, o de los que buscan a Dios. También puede ser inmensamente compasivo y, por eso, permanecer en el mundo con la gente, guiándola y elevándola. Ese fenómeno se conoce como un avatar, un satguru.

Permitidme contaros algunos episodios que estoy seguro os ayudarán a entender lo que quiero decir. Ottur Unni Namboodiripad fue un eminente erudito, poeta y ardiente devoto de Kṛiṣhṇa. Se hizo residente permanente del āśhram de Amma en 1983. En ese momento tenía ochenta y cinco años. Delante de Amma se comportaba como un niño pequeño. Amma lo llamaba amorosamente «Unnikkannan, o bien«Ottur-mon» (hijo). El único deseo de Ottur, su único ruego a Amma era: «Amma, cuando exhale mi último aliento, deja que mi cabeza descanse en tu regazo. Ese es mi único deseo, mi única oración. Oh, madre mía, por favor, déjame morir con la cabeza en tu regazo».

Cada vez que se encontraba con Amma, le repetía con fervor esa plegaria.

En 1989, justo antes de iniciarse la tercera gira mundial de Amma, la salud de Ottur empeoró de improviso. Su estado se agravó seriamente y se quedó completamente postrado en la cama. Todos pensaban que iba a fallecer, incluidos los médicos. Su único temor era morir cuando Amma estuviera en el extranjero. Un día Ottur le expresó a Amma su miedo a morir antes de que ella regresara de la gira por Estados Unidos y que, por tanto, no se cumpliera su ferviente deseo de expirar en su regazo. Amma lo acarició afectuosamente y respondió con gran autoridad:

—No, hijo mío, eso no sucederá. Ten por seguro que no abandonarás el cuerpo hasta que Amma vuelva.

Esa garantía constituyó un gran consuelo para Ottur, ya que procedía directamente de los labios de Amma. Ottur creía firmemente que la muerte no podría tocarlo antes de su regreso.

Así fue exactamente como sucedió: tal como Amma había predicho, la mañana del viernes 25 de agosto Ottur exhaló su último aliento con la cabeza apoyada en el regazo de Amma.

La pregunta es: ¿quién sino un satguru como Amma, que ha vencido la muerte y ha ido más allá de las sensaciones de nacer y morir, puede ordenar a la muerte que no toque a su devoto sin su permiso?

Una de las anécdotas más sorprendentes de la vida de Ottur tiene que ver con una canción que escribió veinticinco años antes de que Amma naciera. Las partes relevantes del poema son las siguientes:

kaṇṇande puṇya nāma varṇangaḷ
karṇattilennu kēḷkkum ñān

¡Cuándo sonarán en mis oídos los propicios nombres de Kṛiṣhṇa!

La última estrofa de la canción dice esto:

āṭṭavum kazhiññammatan maṭi
taṭṭilēkennu vīzhum ñān
vīṇumammatan śhītalānkattil
sānandam ennurangum ñān

¿Cuándo caeré finalmente en el regazo de mi madre, una vez que haya terminado la representación de la obra? ¿Cuándo me dormiré felizmente reposando en el regazo de mi madre?

Tal como deseaba, este gran devoto del Señor dejó el cuerpo mientras su cabeza descansaba en el regazo de Amma, contemplando en el rostro de ella la hermosa forma de su amado Kṛiṣhṇa. Esto es una muestra del modo en que una encarnación de Dios como Amma satisface los deseos de un verdadero devoto que reza con sinceridad y de todo corazón.

Lo siguiente le sucedió a la gran santa Mīrābaī, que aún es recordada por su amor incondicional y su entrega a Kṛiṣhṇa. Uno de los reyes de Mewar (el actual Rajastán) sentía mucha envidia de la popularidad de Mīrā y decidió envenenarla. Ella aceptó gustosamente la copa de veneno y la bebió después de ofrecérsela en primer lugar a la imagen de Kṛiṣhṇa, como era su costumbre. Ocurrió algo maravilloso. El veneno que Mīrābaī bebió se convirtió en un néctar inofensivo. No se vio afectada, pero el ídolo empezó a cambiar de color debido al efecto del veneno.

Había un perro que estaba muy unido a Amma. Era algo así como su fiel sirviente y guardián. A principios de los ochenta contrajo la rabia y lo encadenaron a un árbol. A pesar de que tratamos de prevenirla, Amma se acercó al perro, le dio de comer con sus propias manos, lo acarició y lo besó. Le pedimos que se pusiera una inyección contra la rabia, pero ella dijo:

—No os preocupéis. No pasará nada.

Estos fenómenos muestran la unidad de estos grandes maestros con el universo, con Dios, con el infinito.

Para personas como nosotros el amor solo se expresa en las relaciones personales. Sin embargo, el «Amor» como principio universal es impersonal. Está más allá de todas las barreras como la religión, la nacionalidad, el idioma, el hecho de ser humano, animal o planta, etc. Trasciende todo, la totalidad de los nombres y las formas, y se vuelve informe. En ese estado nada afecta porque se abandona toda identificación con el cuerpo.

Cuando Amma empezó a recibir a la gente y a abrazar a todos los que venían a verla, hubo muchas protestas y muestras de desaprobación por parte de los aldeanos y de sus propios familiares. Mirándolo desde su punto de vista, la condena de la familia de Amma era comprensible, ya que una joven abrazando a personas de todas las edades, independientemente de su género, no formaba en absoluto parte de su cultura. Una de sus mayores preocupaciones era que ninguna familia respetable se presentaría con una propuesta de matrimonio para las chicas de la familia.

Cuando todos los esfuerzos por impedir que Amma siguiera con su «extraño comportamiento» fracasaron, uno de sus primos la encerró en una habitación y blandió un cuchillo, amenazando con quitarle la vida si no ponía fin a su decisión de abrazar a la gente. Amma permaneció imperturbable y no cedió un ápice ante la petición del primo. Ella le dijo con calma:

—Mátame si quieres. Solo puedes destruir el cuerpo. El alma es imperecedera. Pase lo que pase, no voy a cambiar mis costumbres, bajo ninguna circunstancia, ya que este es mi dharma. Quiero ofrecer mi vida al mundo, consolar a la gente que sufre hasta exhalar mi último aliento. Estoy completamente entregada a esta causa.

Imaginad el mundo actual si Amma se hubiera asustado y hubiera cedido a las amenazas. Unas pocas palabras, «sí, te obedeceré», hubieran cambiado el curso de la Historia. Tras presenciar la fuerza de voluntad de Amma, su intrepidez y la firmeza de sus palabras, el primo salió de la habitación completamente confundido y exasperado.

Solo una verdadera maestra espiritual como Amma, que es una con el universo, plenamente consciente de los misterios de la vida, absolutamente intrépida e instalada en el amor puro e incondicional, puede ayudarnos en este proceso. Amma, por pura compasión, eligió permanecer en este mundo para llevar a la gente «de lo falso a la verdad, de la oscuridad a la luz y de la muerte a la inmortalidad». Como se afirma en las escrituras, un gran maestro, un satguru que ha conocido Brahman, la Realidad Última, es verdaderamente Brahman mismo. Es la encarnación de Dios.

7 | UN CORAZÓN TAN GRANDE COMO EL CIELO

El mundo está familiarizado con una sola clase de amor, más conocido como «apego». Esta emoción, que generalmente se interpreta como amor, no es verdadero amor porque en cualquier momento puede oscilar hacia la dirección opuesta y convertirse en aversión. En otras palabras: el apego, que es la atracción por una persona u objeto, es como una máscara.

Escondida bajo la máscara se encuentra la aversión o repulsión.

Hoy quieres a alguien porque te complace. Si mañana esa misma persona te critica, tu amor se convierte en odio. Básicamente, o te gusta una persona o un objeto o no te gusta. Así que todas nuestras emociones se dividen en dos categorías: «gustar y no gustar». Cuando te gusta alguien, te sientes atraído por esa persona o apegado a ella y otras veces te desagrada.

Nuestra percepción errónea nos hace creer que el amor no es posible si no participan dos entidades. En realidad, el amor es tanto con forma como sin forma. El «dos» puede fusionarse en «uno» y finalmente trascender todas las dualidades. En los Bhakti Sūtrās de Nārada, el sabio dice:

> *sā tvasmin parama prēma rūpa*
>
> La bhakti es el amor absoluto por el Yo Supremo. (2)

Esa bhakti, o amor puro, no es una emoción. Es inmortal por naturaleza, mientras que las emociones, fluctuantes y volátiles, van y vienen.

No podemos amar a alguien o algo sin una razón. «Lo amo porque es guapo». «Es mi jefa, por eso me gusta». Las emociones son temporales. Cuando un amigo cercano o un pariente muere, te sientes triste por algún tiempo; luego los olvidas. Las personas que pasan por un divorcio experimentan angustia mental algún tiempo, y después pasan a otra relación.

La Bhagavad Gītā dice:

mātrā-sparśhās tu kauntēya śhītōṣhṇa-sukha-duḥkha-dāḥ
āgamāpāyinō'nityās tans-titikṣhasva bhārata

> Las ideas de calor y frío, dolor y placer, nacen del contacto con los objetos de los sentidos, oh hijo de Kuntī. Tienen un principio y un fin. Son temporales por naturaleza. Sopórtalos con paciencia, oh descendiente de Bhārata. (2.14)

La verdadera devoción, el amor al propio amor, va más allá del mundo trivial de los gustos y las aversiones. Consiste en perderse, en perder el ego, en la inmensa infinitud de Dios. El siguiente poema, escrito por Mīrābaī, la inigualable devota de Kṛiṣhṇa, nos permite vislumbrar la más alta forma de amor:

Inquebrantable, oh Señor,
es el amor
que me une a ti.
Como un diamante,
rompe el martillo que lo golpea.

Mi corazón va hacia ti
como el pulido penetra en el oro.
Como el loto vive en el agua,
vivo en ti.

Como el pájaro
que mira toda la noche
la luna que pasa,
me he perdido viviendo en ti.

Recuerdo las palabras de Amma: «En todas partes la gente dice: "Te amo". Suena como si el "amor" estuviera atrapado entre el "yo" y el "tú". Hay que embarcarse en un viaje desde "te amo" hasta "soy el amor", porque esa es la verdad de nuestra existencia. Somos el amor sin forma, la encarnación del amor».

Amma dice: «Cuando te instalas en el amor, esa disposición amorosa es bastante impersonal. En ese estado, tu actitud no es la de "amo a esta persona" o "amo a aquella persona"». Para tener una comprensión más profunda de este concepto, observa a Amma: simplemente ama, ella es el amor. Amma siempre está disponible. Como ella dice: «Igual que un río, solo fluyo».

En el caso de una gran maestra como Amma, permanentemente instalada en el estado de Conciencia Pura, la dicha de la existencia es su propia naturaleza y la gloria de la conciencia su morada innata. En ese estado de conciencia no existen relaciones como las que se dan entre madre e hijo, guru y discípulo, amigo y enemigo. La única experiencia es Śhivōham: Yo soy Śhiva, la conciencia incondicionada. Me vienen a la mente estas célebres líneas del Nirvāṇaṣhatkam de Śhrī Ādi Śhaṅkarāchārya, un extracto destilado de la experiencia suprema:

na bandhūr na mitram gururnaiva śhiṣhyaḥ
chidānanda rūpaḥ śhivō'ham śhivō'ham

> No tengo ni parientes ni amigos, ni guru ni discípulos.
> Soy pura conciencia y felicidad. ¡Soy Śhiva! ¡Soy Śhiva! (5)

La mente y el cuerpo, el apego y la liberación, la acción y la inacción solo existen en el nivel empírico. Más allá de todo esto se encuentra la conciencia indivisible, sin principio, mitad ni final.

¿Qué había antes de la creación, es decir, antes de lo que la ciencia moderna llama el «big bang»? Los propios científicos no tienen más que teorías al respecto.

Las escrituras hindúes proclaman que el universo surgió de la sílaba sagrada Ōm. La diversidad de la vida brotó de un único principio. En otras palabras: el universo se manifestó desde la nada. Aunque sin forma, esa «nada» no era una ausencia o un vacío, sino la presencia de una superinteligencia, la forma más sutil y poderosa de energía, la esencia de todo, el universo entero.

La Bhagavad Gītā dice:

> *paras tasmāt tu bhāvō'nyō'vyaktō'vyaktāt sanātanaḥ*
> *yaḥ sa sarvēṣhu bhūtēṣhu naśhyatsu na vinaśhyati*

> Pero distinto de lo inmanifestado es la otra realidad eterna no manifiesta, que no se destruye cuando todos los seres son destruidos. (8.20)

> *avyaktō'kṣhara ityuktas tam āhuḥ paramām gatim*
> *yam prāpya na nivartantē tad dhāma paramam mama*

> A ese a quien se ha designado el Inmanifestado, el Inmutable, se le considera la meta suprema. Esa es mi morada suprema; una vez alcanzada, ya no se regresa. (8.21)

En la Chhāndōgya Upaniṣhad hay una hermosa historia:

Śhvētakētu, el inquisitivo hijo del gran sabio Uddalaka, le preguntó a su padre:

—¿Por qué no puedo ver el Ātmā, si lo llena todo?

—Tráeme un fruto del árbol nyagrodha (baniano) de ahí afuera —le dijo su padre.

Cuando el niño regresó con la fruta, el padre le pidió que la rompiera y mirara dentro. A continuación le preguntó:

—¿Qué ves?

—Veo algunas semillas, padre, sumamente pequeñas —respondió el hijo.

—Parte una de ellas.

—Ya la he partido, padre.

—¿Qué ves ahí?

—Nada...

En respuesta, el padre dijo:

—Hijo mío, ¿puede esta maravilla de árbol salir de la nada? Simplemente eres incapaz de percibir la esencia sutil del árbol contenida dentro de la semilla. En esa misma esencia se encuentra el ser del enorme árbol baniano. Debes saber que la esencia contiene el sustrato de toda la existencia. Esa es la verdad, ese es el Yo Supremo, y tú, Shvetaketu, eres eso.

La Taittīriya Upaniṣhad dice:

sō, akāmayata, bahusyām prajāyēyēti, sa tapō,
atapyata, sa tapastaptvā. idam sarvamasṛijata,
yadidam kiñcha, tat sṛiṣhtvā, tadēvānuprāviśhat,

> *tadanupraviśhya, saccha tyacchābhavat, niruktam chāniruktam cha, nilayanam chānilayanam cha, vijnānam chāvijnānam cha, satyam chānṛitam cha satyamabhavat, yadidam kiñcha, tatsatyamityāchakṣhatē.*
>
> Él (el Yo Supremo) deseó: «Que yo sea muchos, que yo nazca». Hizo prácticas ascéticas. Habiéndolas realizado, creó todo esto, todo lo que existe. Habiendo creado todo esto, Él entró en ello. Habiendo entrado en ello, se convirtió en lo manifestado y lo no manifestado, lo definido y lo no definido, lo respaldado y lo no respaldado, lo inteligente y lo no inteligente, lo real y lo irreal. El Satya (el Verdadero) se convirtió en todo esto: lo que hay. Por eso (los sabios) lo llaman (Brahman) lo Verdadero. (Brahmānanda Valli 6:6)

Tal vez esta sea otra forma eficaz de describir el estado de antes del «big bang», y cómo tuvo lugar la creación.

Las palabras de Amma brillan con destellos inmemoriales de la Verdad Suprema. Contienen verdades universales ocultas en forma de semilla. Por eso las expresiones de las almas espiritualmente iluminadas se consideran ley sagrada. Esa es la razón por la que estas verdades universales se conocen como Śhabda pramāṇa (testimonio verbal autorizado sobre la Verdad absoluta). Para entenderlas, la mente debe volverse meditativa.

La enseñanza de un satguru no tiene que ser necesariamente verbal. Los métodos del guru son misteriosos. El discípulo debe tener amor y paciencia para observar al guru constantemente. El amor inocente es capaz de establecer una fluida e imperturbable conexión con el guru. Gracias a ese amor se pueden descifrar el silencio y todos los movimientos del guru.

¿No buscamos la guía de un hablante nativo cuando queremos aprender un nuevo idioma? De la misma manera, el lenguaje ultrasutil de la espiritualidad nos resulta desconocido, mientras que para Amma es su verdadera morada, su lengua materna, su auténtico método de comunicación.

En una relación entre alumno y profesor, la enseñanza implica la existencia de un aula, un tiempo determinado, un ambiente, libros de texto recomendados, etc. Por el contrario, en la relación entre el guru y el discípulo la enseñanza se da en todo momento y en cualquier circunstancia. Ya sean aparentemente significativas o carentes de significado, las acciones del guru, sus palabras, el silencio, la ira, la sonrisa, la mirada, el temblor de sus cejas, los movimientos de sus ojos... todo es apto para revelar una nueva capa de lo desconocido.

El conocimiento espiritual es el más sutil de todos los saberes. El medio de comunicación no siempre puede ser verbal. En realidad, las palabras son muy limitadas, por lo que pueden distorsionar la verdad. Por tanto, lo más importante es observar al guru. Si el discípulo tiene determinación, sinceridad y amor, su observación evolucionará gradualmente hacia la meditación.

Ser un alumno es fácil, pero ser un discípulo requiere una gran dosis de valor y de amor. Mientras lo primero es un mero ejercicio intelectual que se limita a acumular información, lo segundo consiste en olvidar todo lo que se ha acumulado en el mundo exterior y ponerse a disposición del guru para que él o ella nos reinvente. Por eso dice Amma: «En una verdadera relación entre el guru y el discípulo será difícil distinguir entre uno y otro. Eso es así porque el guru será más humilde que el discípulo». Amma añade: «La paciencia del guru es el refugio del discípulo».

Un discípulo es como un polluelo recién salido del huevo. No puede volar como su madre. Viendo sus diminutas alas, el polluelo se pregunta si será capaz de realizar la misma «hazaña» que la madre. La cría también desea volar alto y adueñarse del cielo, pero tiene miedo de hacerlo. Viendo a su madre realizar «lo imposible», el pajarito adquiere gradualmente un intenso anhelo de volar. Agita sus pequeñas alas pero no consigue ni elevarse en el nido. En un momento dado, la madre toma el control y anima a su pequeño a reunir el valor suficiente para volar. Incluso demuestra sus habilidades de vuelo delante del pajarito, atrayéndolo, como si lo persuadiera e invitara a seguir su ejemplo, como diciéndole: «No te preocupes, querido, estoy aquí para protegerte y evitar que te caigas». Después llega un momento en que la madre parece un poco despiadada o, para ser más precisos, «despiadadamente compasiva». Empuja al pajarito fuera del nido, al cielo abierto. Entonces el pajarito abre las alas espontáneamente y sale volando. Ese empujón es necesario o el pajarito permanecerá en el interior de su capullo de miedo y perderá la capacidad inherente a su naturaleza. La madre de esta anécdota representa al satguru.

Una satguru como Amma es igual que una verdadera madre. Los discípulos deben adoptar la actitud de un niño para poder establecer una relación completa con el guru. Mientras permanecen en el útero, los bebés forman un todo con la madre. El bebé come, duerme y respira a través de la madre. Es un vínculo tan profundo que no se puede romper. El discípulo debe crear un vínculo semejante con el guru, pero dotado de mayor intensidad y profundidad. Esa relación inocente es el mejor camino para desaprender y volver a aprender, para deshacer y rehacer todo en presencia del satguru.

En lo que respecta a los discípulos, no son conscientes de las complejidades del viaje espiritual en el que se embarcan. Desconocen por completo tanto el viaje como el destino.

Cuando visitamos una ciudad o un país por primera vez, contratamos a un guía experto que esté familiarizado con cada rincón del lugar, ¿no es cierto? La clave para alcanzar el conocimiento espiritual se puede resumir en una palabra: confianza.

Permitidme contaros una historia. A una niña se le cayó su muñeca y se rompió. Viendo los trozos rotos, se puso a llorar desconsoladamente. Con lágrimas en los ojos, le dijo a su hermano:

—Rezaré a Dios para que junte estos pedazos.

—¿Escuchará Dios tu oración? —preguntó el hermano, expresando sus dudas. A continuación emitió su veredicto—. Yo creo que no.

—Seguro que Dios contestará mis plegarias —afirmó la niña con la mayor fe.

Mucho tiempo después, el chico le preguntó a su hermana pequeña:

—¿Recibiste alguna respuesta?

Con absoluta fe y confianza, ella respondió:

—Sí. Dios dijo: «No se puede arreglar».

El único refugio de un niño es su madre. Si aprendemos a convertirnos en niños en nuestro corazón, podemos ganarnos un lugar en el corazón de Amma, que es tan extenso como el cielo. Ella nos mantendrá junto a su pecho y nos cruzará a través del océano del saṁsāra y de su infinito dolor. Amma dice: «El amor del guru tiene una presencia universal. Por tanto, los límites físicos del tiempo y el espacio no pueden restringir su fluir».

En 1999 se me prolapsó un disco cervical. Fueron momentos de intenso dolor y sufrimiento. Amma fue la primera en advertirme de lo que podría ocurrir. Estábamos realizando la gira anual por el norte de la India. Justo después del último programa, en Bangalore, Amma, que estaba sentada detrás de mí en el coche, me tocó suavemente en el hombro. En cuanto lo hizo, de alguna manera supe que ese contacto era especial: transmitía preocupación, amor y otros profundos sentimientos. Cuando Amma nos toca o nos mira, siempre es especial, pero cada vez que lo hace nos dice algo distinto, hay un mensaje diferente. Sus manos hablaron, sus ojos hablaron, todo el cuerpo de Amma me habló.

Como estábamos de gira, me atendieron en un hospital de Mumbai. Después de visitarme,

Amma siguió su gira por las islas Mauricio y Reunión. Estuve en cama casi tres meses. Fue una época muy difícil. Al final, los médicos me prohibieron que volviera a tocar el armonio. Dijeron que la excesiva tensión en el cuello podría provocar una recaída.

En aquella época, tocar el armonio mientras cantaba bhajans para Amma se había convertido en una parte muy gozosa de mi vida. Cantar y tocar el armonio eran para mi dos cosas inseparables. Me resultaba desgarrador pensar que no podría tocar más el armonio. No podía buscar el consejo de Amma en este asunto, ya que estaba en la isla Reunión.

Tras salir del hospital me quedé en Mumbai con una familia devota, ya que debido al estado de mi cuello me habían restringido la posibilidad de viajar. Me sentía inmensamente triste pensando en que no podría volver a tocar el armonio. Solo podía llorar y rezarle a Amma pidiéndole su gracia y su guía

En esa casa había una habitación especial, en la que Amma solía quedarse cada vez que visitaba Mumbai. La familia la había convertido en una sala de meditación. Fui allí y, sentado junto a la cama de Amma, lloré y recé con todo mi corazón. Al cabo de una media hora, el cabeza de familia vino a la habitación, me dio un teléfono inalámbrico y me dijo:

—Amma está en línea desde Reunión.

Le hablé a Amma sobre el consejo del médico. Después de escucharme, respondió con calma:

—No te preocupes, hijo mío; podrás tocar el armonio y volver a cantar.

—¿Cuándo? —pregunté.

—Hoy... —respondió Amma.

—¡Hoy...! —Estaba encantado— ¿Pero cuándo, a qué hora? —volví a preguntar.

Amma respondió:

—Por la tarde, cuando Amma comience los bhajans de la tarde. Cuando cante el primer bhajan, la canción de Gaṇēśha, tocas el armonio y cantas. Pero de momento solo un bhajan.

Y eso fue exactamente lo que ocurrió. Cuando Amma comenzó los bhajans de la tarde en Reunión, me senté en la misma habitación que ella utilizaba en Mumbai y, lleno de agradecimiento, estuve tocando el armonio y cantando:

śhrīpādamāhātmyam ārkkariyām
guru pādattin vaibhavam ārkkariyām
śhrīpādamāhātmyam ārkkariyām
guru pādattin vaibhavam ārkkariyām

¿Quién conoce la grandeza de los pies de loto del guru? ¿Quién conoce la magnificencia de los pies del guru?

8 | REGALO DE CUMPLEAÑOS

Hay quienes sostienen que la guía de un guru no es necesaria para alcanzar la conciencia última del Yo Supremo. Eso puede ser cierto en el caso de un buscador dotado de un tremendo saṁskāra, la riqueza espiritual acumulada y heredada de vidas anteriores. Aun esas almas poco comunes podrían necesitar a alguien que las impulse hacia el estado final de completa emancipación.

Amma dice: «Llega un momento en la vida del buscador en el que ya ha hecho todo lo que estaba en su mano. Después de haber realizado todos los esfuerzos necesarios, llega un punto donde el aspirante se estanca y no le queda más que esperar a que aparezca el conocimiento final. Parado en el umbral, no sabe qué hacer a continuación. Ha estado esperando y esperando. Si entonces no pasa nada, es probable que el buscador se exaspere, pierda la paciencia y, alejándose de la meta, regrese al mundo, pensando: "No existe ese supuesto conocimiento del Yo". A esas alturas,

todo lo que el sādhak necesita es un empujón de alguien, de un maestro perfecto que haya recorrido el camino y haya llegado al destino final».

El buscador puede confundirse fácilmente si se limita a confiar en las escrituras. Los ṛiṣhis debieron de encontrar grandes dificultades a la hora de comunicar su experiencia del infinito con palabras finitas. En sus esfuerzos por revelar los misterios más profundos del universo, los sabios se vieron obligados a elegir con sumo cuidado las palabras precisas para comunicar su experiencia al mundo. Cada palabra es una semilla capaz de convertirse en un gran árbol de conocimiento. Cada palabra está impregnada de la verdad que subyace en la creación.

Estudiar las escrituras es como penetrar en un denso bosque. Es algo encantador, pero a la vez engañoso. ¿Por qué? Porque la verdad está enterrada profundamente bajo la envoltura de un lenguaje poético. Los sabios eran personas creativas y eruditas, y por eso sus escritos están impregnados de grandeza literaria.

Aunque la Verdad Suprema es una, las escrituras la describen e interpretan de distintas maneras. Hay miles de comentarios. Sin la ayuda de un satguru es sumamente difícil entender y asimilar los significados ocultos, las variadas implicaciones, las aparentes contradicciones, la falta de lógica y las complejidades de sus aforismos.

En la Bhagavad Gītā, Kṛiṣhṇa dice:

> *tat viddhi praṇipātēna paripraśhnēna sēvayā*
> *upadēkṣhyanti tē jñānam jñāninas tattva*
> *darśhinaḥ*

> Debes saber que si te postras, sirves y preguntas a los sabios, los que han comprendido la Verdad, ellos te instruirán en ese conocimiento. (4.34)

Un satguru es más femenino que masculino. Un maestro perfecto tiene que tener una naturaleza maternal, porque solo una madre posee las virtudes indispensables para favorecer el desarrollo del niño: comprensión, paciencia y amor. Mientras el corazón de una madre corriente solo puede ensancharse lo suficiente para contener a sus propios hijos, el corazón de una satguru es tan amplio como el universo. Estar en presencia de una satguru, servirla y permitirle que te instruya es comparable a estar en el útero de una madre. Permítele al guru que te entregue tu propio Yo. Al hacerlo, ganas el universo entero. Pero, antes de eso, tienes que perder muchas cosas.

Una vez, un hombre le preguntó a un aspirante espiritual:

—¿Qué ganaste rindiéndote a Dios?

Él respondió:

—Nada... pero déjame decirte lo que perdí: la ira, el ego, la codicia, la depresión, la inseguridad y el miedo a la muerte.

A veces, la respuesta a nuestras oraciones no está en ganar, sino en perder, que es donde en última instancia se encuentra la ganancia.

Buda dijo: «Solo puedo decir que he perdido algo: el ego, la mente. No he logrado nada en absoluto. Ahora sé que todo lo que tengo siempre estuvo ahí. Estaba en cada capa, en cada piedra, en cada flor; pero ahora reconozco que siempre fue así. Entonces estaba ciego, pero he perdido mi ceguera. No he logrado nada, he perdido algo».

Los periodistas le preguntan a Amma:

—¿Eres una avatar, una encarnación de Dios?

Amma responde diciendo espontáneamente:

—Tú también eres un avatar. Todos somos divinos. Todo está lleno de Dios. Eso es lo que somos.

Mōkṣha (la liberación y la libertad plena respecto al cuerpo, la mente y el intelecto) no es una experiencia individual, aunque desde nuestra perspectiva así lo parezca. Para él o ella, el amanecer de esa Conciencia Suprema implica a su vez la desaparición de todas las imperfecciones, que en realidad son solo externas. Eso significa que el mundo entero alcanza la perfección. La consecución del más elevado conocimiento espiritual se describe normalmente como la experiencia subjetiva de un individuo en particular. Sin embargo, para él o ella, el despertar es algo que le sucede a toda la creación. Eso se debe a que, a partir de ese momento, ven todo lleno de conciencia pura. Una vez instalados en ese estado de conciencia, sale el sol y nunca más se pone. Un satguru puede conceder ese conocimiento al discípulo, siempre que el discípulo tenga una fe inocente en el guru.

Hay una hermosa historia acerca de Tōṭakāchārya, uno de los principales discípulos de Ādi Śhaṅkarāchārya, el máximo exponente del advaita vedanta. Śhrī Śhaṅkara tenía cuatro discípulos destacados: Padmapāda, Hastāmalaka, Surēśhvara y Tōṭaka. De los cuatro, Tōṭaka, de inteligencia más bien embotada, era considerado el menos intelectual. Sin embargo, su devoción auténtica por el guru era incuestionable, y siempre estaba inmerso en la guru seva (servicio desinteresado al guru) de una u otra forma. Un día, Adi Śhaṅkara estaba a punto de comenzar la clase sobre las escrituras, pero Tōṭaka no se había presentado. Estaba lavando la ropa del guru, una de sus principales ocupaciones. Mientras esperaba la llegada de Tōṭaka, Padmapāda, el erudito alumno de Śhrī Śhaṅkara, comentó:

—De todos modos, no entiende ninguno de los principios sutiles de los textos. ¿Para qué vamos a esperarlo?

A lo que Śhrī Śhaṅkara respondió:

—No tienes ni idea de lo enorme que es su fe en el guru.

Śhrī Śhaṅkara quería eliminar el falso orgullo de Padmapāda y mostrar que la guru-bhakti puede conferir verdadera sabiduría al discípulo, aunque no sea un experto en las escrituras. Se dice que Śhrī Śhaṅkara miró hacia donde estaba Tōṭaka lavando absorto la ropa y derramó su gracia sobre él. Tōṭaka se iluminó. El conocimiento descendió sobre él. En ese mismo instante, sintió con fuerza la llamada de su guru y entró en el aula recitando el famoso Tōṭakāṣhṭakam[1], que comienza de la siguiente manera:

viditākhilaśhāstrasudhājaladhē
mahitōpaniṣhat kathitārthanidhē
hṛidayē kalayē vimalam charanam
bhava śhankara dēśhika mē śharaṇam

Oh Tú, el conocedor de todo el océano de leche de las escrituras, el exponente de los principios de ese gran tesoro que son las Upaniṣhad, en tus pies impecables medito

[1] Himno de ocho estrofas en alabanza del guru.

> de corazón. Sé tú mi refugio, oh Maestro Śhaṅkara (1)

Permitidme contaros un suceso que tuvo lugar el 10 de octubre de 2006, cerca del mediodía, en el Crystal Palace de Londres. Mi ordenador portátil había dejado de funcionar unos días antes por un golpe, así que esa mañana fui a comprar uno nuevo con el Dr. Vagees, un devoto de Londres. Entramos en un gran centro comercial que se extendía hasta donde alcanzaba la vista. Allí se podía conseguir literalmente cualquier cosa. Empezamos a mirar ordenadores. Mientras tanto, mis ojos buscaban algo más: un regalo para Amma.

El 10 de octubre de 2006 coincidió con el día sagrado de Kārtika, la estrella de nacimiento de Amma. (Su cumpleaños, según el calendario gregoriano, es el veintisiete de septiembre). Quería ofrecerle algo a Amma en un día tan propicio. Mis ojos, que deambulaban de aquí para allá en busca de un regalo adecuado, se posaron repentinamente sobre un montón de collares. Me llamó la atención uno en particular. En realidad, era una gargantilla de color naranja hecha de varias vueltas de perlas entrelazadas. «Si pudiera conseguirlo...», me dije mentalmente. Pero, ¿y si fuera demasiado caro? Amma desaprueba totalmente que los devotos se sientan obligados a pagar cualquier compra para ella. Mi atención se apartó de los ordenadores y quedó clavada en la gargantilla. Me acerqué al mostrador de cristal que la contenía y comprobé discretamente su precio: diez libras, alrededor de ochocientas rupias, unos veinte dólares. Al verme de esta guisa, el Dr. Vagees preguntó:

—¿Qué pasa, Swamīji? ¿Qué estás mirando?

Sin dudarlo, le revelé al buen doctor mi sincero deseo. Cuando supo que era para Amma, su alegría no tuvo límites. Compramos la gargantilla; no así el ordenador. No importa, pensé. Teníamos que llegar al Crystal Palace antes de que terminara el darśhan. Llegamos alrededor de la una y media del mediodía. Fui directamente donde Amma. Cuando saqué la gargantilla, me miró y preguntó:

—¿Qué es esto?

—Hoy es Kārtika, el cumpleaños de Amma.

Dicho esto, le coloqué la gargantilla alrededor del cuello y me postré. Cuando me levanté, me dio un dulce con mucho amor. Amma observó con espontaneidad:

—Yo no tengo cumpleaños.

Su comentario no fueron unas meras palabras casuales; sin embargo, solo ella podía entender el verdadero significado y la esencia íntima de las palabras que acababa de pronunciar. Realmente quiso decir lo que dijo. Mirando la gargantilla, Amma preguntó:

—¿Cuántas vueltas tiene?

Las contó y dijo:

—Hay diez.

Durante el darśhan, se quitó la gargantilla y separó todas las sartas. Puso una alrededor de su cuello y otra alrededor del mío.

—Una para Amma y otra para mi hijo —dijo con una dulce sonrisa.

Mi corazón rebosaba de satisfacción.

Mientras estaba de pie cerca de Amma, le dije como de pasada:

—Cumpliré cincuenta años el próximo veintitrés de abril. Será mi AmṛitaVarṣham50 (nombre de las celebraciones del cincuenta aniversario de Amma).

Cuando lo oyó, Amma se volvió para mirarme. En esos ojos contemplé un inmenso océano de amor y compasión. Mirando fijamente mi rostro, me preguntó:

—Hijo, ¿qué deseo te gustaría que Amma te concediera?

Estaba aturdido. No podía pronunciar ni una palabra. Era como si el guru supremo, capaz de conceder cualquier cosa, me preguntara: «Hijo, ¿qué quieres? Te ofrezco cualquier cosa, te lo ofrezco todo». Mi mente se quedó muda de asombro.

Pide bhakti (devoción al Señor), mukti (la liberación espiritual) o bhukti (prosperidad material). Amma te lo dará. Eso era lo que significaban las palabras y la mirada de Amma. En esos momentos pude percibir palpablemente la inmensa gracia que desborda ese corazón maternal. Las palabras de Amma eran muy significativas, y estaban revestidas de un gran poder y autoridad.

La doctora Geetha Kumar, que estaba ayudando a regular el flujo de devotos que acudían al darśhan, sugirió:

—¡Swámiji, pidele mōkṣha!

Sus palabras me despertaron de mi ensueño. Hablando lentamente, dije:

—Si logro mōkṣha, Amma y yo nos convertiremos en uno. Entonces tal vez no pueda permanecer como un niño ante Amma, ni viajar con Amma, ni cantar con ella o reposar en su regazo. Así que, por ahora, no quiero mōkṣha. Sin embargo, cada vez que Amma adopte un cuerpo humano y descienda a la Tierra, quiero ser el hijo, el sirviente, el devoto adorador, el discípulo, la sombra que siga siempre a Amma. Por ahora, será suficiente si Amma realiza este deseo.

Mientras permanecía de pie, satisfecho de haber podido ofrecer esta oración sincera a los santos pies de Amma, surgió en mi mente el consejo de Śhrī Kṛiṣhṇa, Señor de la Bhagavad Gītā.

āśhcharyavatpaśhyati kaśhchidēna-
māśhcharyavadvadati tathaiva chānyaḥ
āśhcharyavacchainamanyaḥ śhṛiṇōti
śhrutvāpyēnam vēda na chaiva kaśhchit

Algunos consideran que el alma es asombrosa, algunos la describen como tal, y

> algunos han oído que el alma es asombrosa, mientras que otros, incluso habiéndolo oído, no pueden entenderlo en absoluto. (2.29).

Permitidme abordar algunas de las dudas que pueden aparecer en la mente de los lectores. Es natural que piensen: «¿Un regalo para Amma? ¿Por qué? ¿Acaso lo pidió?». No; categóricamente no. Amma nunca pide nada. Siendo la emperatriz del universo, ¿para qué va a hacerlo? Ella es la dueña de todo el universo.

Swamī Rāma Tīrtha fue uno de los grandes santos de la India. Nació en 1873 y dejó el cuerpo en 1906, a la temprana edad de treinta y tres años. Swamī Rāma solía referirse a sí mismo como Bādusha Rāma, que significa «el emperador Rāma», aunque apenas poseía nada propio. Viajó a América y permaneció en San Francisco un año y medio. Allí también se llamaba a sí mismo «el emperador Rāma». La gente solía preguntarle:

—No eres un rey. No tienes ningún reino. Sin embargo, te llamas a ti mismo emperador...

Su respuesta era:

—Por eso soy el emperador. No soy nada, por lo tanto, soy todo. No tengo deseos, por consiguiente, soy el emperador. Un emperador lleno de deseos solo es un mendigo insatisfecho. Siempre estoy satisfecho. Eso es lo que hace que uno sea un emperador: todo el universo me pertenece.

Estas son sus propias palabras:

> «Estoy decidido a reinar en tu seno, mi Dios, tu Dios, y proclamarlo mediante cada acción y cada movimiento. Soy el emperador Rāma, cuyo trono es tu propio corazón. Cuando prediqué los Vēdas, cuando enseñé en Kurukṣhētra, Jerusalén y La Meca, me malinterpretaron. Vuelvo a levantar la voz. Mi voz es tu voz, "Tú eres eso". Eres todo lo que se ve. Ningún poder puede evitarlo. No hay reyes, demonios o dioses que puedan resistirlo. Inevitable es el orden de la verdad. Mi cabeza es tu cabeza: córtala si quieres, pero otras mil crecerán en su lugar. Rāma late en tu pecho, ve por tus ojos, palpita en tu pulso, sonríe en las flores, ríe en los relámpagos, ruge en los ríos y es el silencio de las montañas».

En el capítulo 10 de la Bhagavad Gītā, Śhrī Kṛiṣhṇa le dice a Arjuna:

> *yad yad vibhūtimat sattvam śhrīmad ūrjitam ēva vā*
> *tat tad ēvāvagaccha tvam mama tējōm'śha-sambhavam*
>
> Entiende que todo lo que es glorioso, bueno, próspero o poderoso no es más que el producto de un fragmento de mi esplendor. (41)

A lo largo del capítulo décimo de la Gītā, Śhrī Kṛiṣhṇa enumera muchas cosas magníficas de la creación como manifestaciones de su gloria: los seres humanos; los sabios; los seres celestiales; las celebridades más poderosas, bellas y seductoras, tanto mundanas como celestiales, que existen en todos los ámbitos de la vida. Eso significa que todos son parte del infinito.

Cuando los seres con conocimiento del Yo Supremo hablan en primera persona, no se refieren al «yo» como a una persona identificada con su cuerpo y mente limitados, sino al poder cósmico o conciencia infinita que no está limitada por el espacio y el tiempo. En ese sentido, cuando eres uno con tu ser interior, eres uno con el universo.

Esa es la razón por la cual el Śhrī Lálita Sahasranama describe a Dēvī como *śhrī-mātā, śhrī-mahā-rājñī, śhrīmat-siṁhāsaneśhvarī*, la Madre del Universo, la Emperatriz del Universo.

Todo lo que está al alcance de la vista pertenece al inmenso imperio de un satguru, que es uno con la totalidad. Ofrecer cualquier cosa, por cara que sea, a un maestro con conocimiento del Yo, es como regalarle a Bill Gates un ordenador portátil. Sin embargo, hay otra cara de la cuestión. La vida del discípulo y todas sus acciones consisten en una ofrenda al guru. Una mente corriente no puede imaginar la relación entre el guru y el discípulo, que puede parecer irracional y peculiar en una gran variedad de formas. En realidad, no se trata un vínculo corriente, sino que constituye la cima del amor. Literalmente, el guru se convierte en «todo» para el discípulo: madre, padre, pariente, guru y Dios; y la actitud del discípulo es la de un niño.

A veces, el discípulo adora al guru con un corazón lleno de devoción, amor y fe. En esos momentos, con lágrimas en los ojos, canta las alabanzas de su guru y baila con abandono. Otras veces sirve humildemente al guru, como lo haría un empleado de confianza con su jefe. También habrá ocasiones en que el discípulo le abra su corazón al guru, como lo haría con un amigo íntimo. También hay ocasiones en que el discípulo, como un niño, parlotea y le dan berrinches delante del guru.

Prestad atención a la afirmación de Hanumān, el famoso devoto de Rāma:

dēhabuddhyā tu dāsō'smi jīvabuddhyā tvadamśhakaḥ
ātmabuddhyā tvamēvāham iti mē niśhchitā matiḥ

Oh, Señor, cuando me identifico con el cuerpo, soy tu siervo. Cuando me identifico con el jīva, soy parte de Ti. Cuando me identifico con el Yo en su totalidad, en verdad no soy distinto de Ti. Esta es mi fe inquebrantable.

La verdad que hay detrás del mundo con su diversidad es una, la unidad. En otras palabras: la diversidad es la totalidad en su forma manifestada. Cuando se comprende esta verdad, no se contempla nada que no esté lleno de conciencia. «Ēkam sat viprā bahudhā vadanti» (la Verdad es una; los sabios la conocen por varios nombres); «sarvam idam ahaṁ cha brahmaiva» (todo, incluyéndome a mí, no es más que Brahman). En el nivel más alto de conciencia, todas las divisiones y diferencias desaparecen. Se funde uno con la totalidad de la existencia. Se produce la experiencia de *ahaṁ brahmāsmi* (yo soy Brahman).

Amma, con su sabiduría infinita, me guía en cada paso del camino. No me cabe duda de que llegará el momento en que me fundiré por completo en la totalidad. Esa comprensión conlleva el cese de todos los gustos y aversiones. Se deja que todo suceda. Aun así, rezo de todo corazón: «Oh Amma, aun después de eso, que siempre pueda permanecer como tu hijo. Que siempre seas mi madre». A lo largo de mi viaje espiritual, Amma siempre me ha tomado con fuerza de la mano. Como dice Amma: «es más seguro que la madre agarre la mano del niño. Si sucede lo contrario, el niño puede escapar soltándose». Todavía me siento como un niño pequeño en el camino.

Siempre nos hallamos a merced del universo. Creemos que nuestras elecciones y nuestros sueños son los que más nos convienen, pero quizá nuestro pensamiento no sea el correcto. ¿Quién sabe lo que nos está reservado, qué nos deparará el poderoso universo? Para que nuestra vida sea fructífera, necesitamos el apoyo total y la benevolencia de toda la existencia. Sin embargo, esta solo derramará su bendición sobre nosotros cuando nos sintonicemos con su ley inalterable o dharma. Como somos incapaces de concebir algo sin un nombre y una forma específicos, podemos orar, meditar y rendirnos al satguru, que es uno con la totalidad, a fin de recibir su gracia y su guía. En presencia de un satguru, tanto el depósito de infinitos poderes y compasión que atesoramos como el desarrollo de nuestro Yo alcanzan una nueva dimensión, una belleza y un encanto que están más allá de las palabras. Es un proceso completamente natural y espontáneo.

Me gustaría recordaros una hermosa historia y un poema. Un día, un joven monje caminaba por un jardín al lado de otro monje mayor y más experimentado. Le estaba preguntando sobre lo que Dios le tendría reservado, ya que se sentía un poco inseguro al respecto. El monje mayor se acercó a un rosal, le dio al joven un capullo de rosa y le dijo que lo abriera sin arrancar un solo pétalo. El joven monje miró con incredulidad al viejo predicador, tratando de descubrir qué tenía que ver un capullo de rosa con su pregunta. Debido al gran respeto que sentía por el monje de más edad, se dispuso a intentar abrir la rosa manteniendo intactos todos los pétalos. No pasó mucho tiempo antes de que se diera cuenta de que era imposible. Al darse cuenta de que el joven monje era incapaz de abrir el capullo de rosa manteniéndolo intacto, el monje mayor recitó el siguiente poema:

Abriendo el capullo de rosa

Es solo un pequeño capullo de rosa,
una flor diseñada por Dios;
pero no puedo desplegar los pétalos.
con estas torpes manos mías.

El secreto de abrir las flores
no lo conoce alguien como yo.
Dios abre esta flor dulcemente,
mientras que en mis manos se desvanece
y muere.

Si no puedo abrir un capullo de rosa,
esa flor diseñada por Dios,
¿cómo puedo pensar que tengo sabiduría
para desplegar esta vida mía?

Así que confiaré en Él para que dirija
todos los momentos del día.
Buscaré a Dios para que guíe
cada paso de este camino lleno de gracia.

El camino que se encuentra ante mí
solo Dios lo conoce realmente.
Confiaré en Él / Ella para que despliegue
los momentos
igual que Dios abre la rosa.

A medida que avanzamos bajo su guía divina, Amma nos ayuda a todos a descubrir los misterios de la vida. Debemos dejarle eso a ella. Pase lo que pase, me gustaría seguir siendo siempre un niño delante de Amma y pasar mi vida en su divina presencia, como su servidor, postrado ante sus sagrados pies. Por eso, a pesar de que Amma, la Madre del Universo, es posible que no necesite nada, este niño, este servidor que anhela cumplir sus deseos, quería darle un regalo de cumpleaños, aunque pareciera algo simple y frívolo.

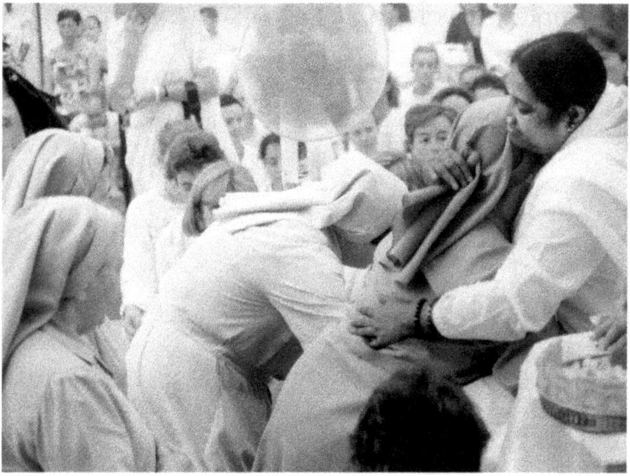

9 | UN CATALIZADOR MÁS ALLÁ DE TODA COMPARACIÓN

Hay escépticos y cínicos. Un escéptico al que se le facilite una prueba sólida puede acabar creyendo. Existe la posibilidad de que acepte la verdad, mientras que la mentalidad de un cínico suele ser inalterable. El famoso e ingenioso comediante estadounidense Groucho Marx dijo una vez en tono humorístico: «Sea lo que sea, estoy en contra». La mayor parte de los cínicos se mueven por el mundo de esa manera.

Recuerdo las palabras del eminente astrofísico, cosmólogo y astrónomo Carl Sagan: «Una de las lecciones más tristes de la historia es esta: si nos han embaucado el tiempo suficiente, tendemos a rechazar cualquier prueba de ese engaño». Ya no estamos interesados en descubrir la verdad. Hemos quedado atrapados en la trampa. Simplemente, es demasiado doloroso reconocerlo incluso ante nosotros mismos...

El escepticismo se puede dividir en escepticismo positivo y escepticismo negativo. Sería muy beneficioso tanto para la sociedad como para los individuos que el escepticismo y la actitud positiva (apertura) fueran de la mano. Una vez oí esta frase: «Un gran escepticismo conduce a una gran comprensión. El pequeño escepticismo conduce a una pequeña comprensión. La ausencia de escepticismo conduce a la falta de comprensión». En resumen, el escepticismo es valioso cuando los escépticos aceptan y reconocen la verdad en las ocasiones en que la realidad se encara con ellos.

Normalmente, la espiritualidad es considerada una ciencia subjetiva. También es así en relación con muchos inventos científicos modernos. Los científicos encuentran dificultades a la hora de explicar algunos de los principios sutiles del universo. Por eso recurren a ecuaciones matemáticas, ya que las palabras no bastan para expresar esos conceptos.

Yo diría que Amma hace que la espiritualidad sea a la vez subjetiva y objetiva. Los escépticos y los cínicos, debido a sus particulares razones y creencias, pueden negar la experiencia espiritual más elevada en la que se hallan instalados los grandes maestros del calibre de Amma. Podemos olvidarnos de la experiencia espiritual subjetiva, que puede ser discutible; pero ¿puede cualquier persona sensata negar la forma en que Amma recibe a todos y cada uno de los que acuden a verla, permaneciendo sentada horas y horas? Y ese fenómeno se repite los siete días de la semana, trescientos sesenta y cinco días al año, con independencia del lugar y la hora. Tengo que agregar que lo hace con un amor y una alegría incuestionables, sin emitir una sola queja, escuchando pacientemente los problemas de la gente, colmando a todos por igual de amor y compasión. En eso ha consistido la vida de Amma los últimos cuarenta y cinco años. Entonces, cuando la gente pregunta escépticamente «¿qué tiene de bueno Amma?», solo puedo decir: «Por favor, ven a verla cuando esté dando darśhan». Si está buscando la realidad, que es el genuino objetivo del escepticismo, encontrará la respuesta a su pregunta.

Amma tiene una destreza incomparable, una capacidad interior infinita para atraer, inspirar y sacar lo mejor de las personas. Para ella, no solo unos pocos sino todos los seres humanos son semillas que pueden convertirse en árboles, son promesas para el mundo que pueden contribuir a mejorar la sociedad. Ve el mundo y a las personas que hay en él sin el filtro de un yo egoísta. Por eso Amma siempre empodera a las personas, tanto material como espiritualmente. Bajo su liderazgo, las personas aprenden también a gestionarse y a desenvolverse en las circunstancias exteriores.

He tenido la suerte de viajar con Amma alrededor del mundo durante más de treinta y dos años. He sido testigo directo del enorme cambio de actitud que tiene lugar en miles de personas a medida que se dejan inspirar por las palabras y las acciones de Amma. Es alentador ver a niños pequeños, tan acostumbrados a pensar solo en sí mismos, llegar con sus huchas (alcancías) y decirle a Amma que quieren ayudar a otros niños que no tienen dinero. Pero no se trata solo de realizar contribuciones monetarias o físicas a las instituciones benéficas. Miles de personas han abandonado sus hábitos negativos. Las pequeñas acciones o gestos de bondad que Amma inspira en las personas tienen un gran poder de transformación y afectan a la vida de mucha gente.

Me gustaría contaros un episodio que contó la brahmachāriṇī Priya, que trabaja como gastroenteróloga en el hospital de Amma de Kochi (AIMS). Hace un par de años, uno de sus pacientes, un alcohólico, desarrolló un cáncer en las vías biliares. Vivía a cuatro horas al sur del hospital y había llegado a AIMS con ictericia y un fuerte picor en todo el cuerpo. Como era alcohólico y la mayor parte de su familia lo había abandonado, vivía solo y trabajaba como pescador. Priya cuenta que la actitud típica de la gente ante esos pacientes es: «Bueno, es una lástima. Han sido alcohólicos muchos años. Les habían advertido que el alcohol era letal para el hígado. Ahora les toca sufrir los resultados de sus propias acciones». Aunque es posible que deseen sentir compasión por estas personas, su mente les lleva de vuelta al mismo pensamiento: «ellos se lo han buscado».

Cuando le diagnosticaron el cáncer avanzado, reaccionó con ira. Les gritaba a las enfermeras, a los médicos y básicamente a cualquiera que se acercara a él. Era uno de esos pacientes «imposibles». Como no había cura para su cáncer, le ofrecieron un tratamiento paliativo temporal a fin de eliminar la ictericia y la picazón. El tratamiento era costoso y, como no estaba al alcance de un pescador, el hospital lo realizó de forma gratuita. Una vez lo hubo recibido, el paciente se sintió mejor y unos días más tarde abandonó el hospital. La doctora Priya le pidió que regresara al cabo de un mes para verificar si esa solución temporal seguía funcionando, pero pasó el mes y no tuvo noticias del enfermo.

Priya me dijo:

—Me di cuenta de que el paciente no había acudido a la revisión. Se lo dije a mi profesor, pero él replicó: «Seguramente estará borracho en casa. Ya vendrá si tiene algún problema. No te preocupes por él. De todas formas, si te pones en contacto con él te va a gritar».

Aunque Priya pensaba que el profesor tenía razón, le vinieron a la mente estas palabras de Amma: «No juzgues el comportamiento de una persona. Es posible que haya sufrido de una manera que no puedes entender. La compasión nunca debe poner condiciones». Así que, a pesar de todo, decidió llamar al enfermo. Llamó al número registrado en el archivo del hospital. Alguien descolgó el teléfono y dijo:

—¿Hola?

Cuando preguntó por el paciente, la persona que estaba al otro lado de la línea respondió:

—Aquí no tenemos servicio de entrega.

Priya me dijo:

—Estaba confundida. Volví a preguntar por el paciente y el hombre, molesto, afirmó: «Aquí no trabaja ningún Soman».

Cuando preguntó dónde había llamado, le respondieron:

—A Chalankkada de Mallan.

Era una tienda de carretera donde vendían té que se encontraba cerca de la casa del paciente.

Finalmente, Priya pudo contactar con el paciente y le preguntó cómo estaba. Se produjo una larga pausa antes de que por fin, con voz temblorosa, respondiera:

—¿Realmente me ha telefoneado? Nadie me ha llamado en toda mi vida. ¿Cómo es que se ha acordado de mí?

Estaba verdaderamente sorprendido. Priya le oyó sollozar al otro lado de la línea. No conseguía asimilar el hecho de que pudiera importarle a alguien.

Unos días más tarde, después de que todo el asunto hubiera concluido, Priya estaba de visita en el hospital cuando recibió una llamada frenética del departamento ambulatorio de Gastroenterología:

—¡Doctora Priya! ¡Por favor, venga rápido! ¡Aquí hay alguien que le ha traído pescado!

Pensó que querían gastarle una broma, así que simplemente colgó el teléfono. Diez minutos más tarde volvieron a llamar:

—Por favor, venga ahora mismo. El señor del pescado está aquí armando un buen revuelo.

Priya bajó a toda prisa, más por curiosidad que por otra cosa. Cuando llegó, su paciente estaba de pie en medio del departamento con un cubo de agua en el que chapoteaban algunos peces vivos. Se sintió muy confusa. Describió así lo que sucedió:

—Corrió hacia mí, me puso el cubo en las manos y dijo: «Todavía no puedo creer que se haya preocupado por mí lo suficiente como para llamarme. Tenía que darle algo a cambio. Lo mejor que pude conseguir fue este pescado fresco. Los he pescado yo mismo. ¡Mire! Hasta se los traje en agua para que estuvieran lo más frescos posible. Acéptelos, por favor.

Priya prosiguió:

—Mientras me veía agarrar el cubo, los ojos del hombre se llenaron de lágrimas. Ni siquiera tenía dinero para unas zapatillas decentes, y sin embargo viajó cuatro horas, deteniéndose a mitad de camino para cambiar el agua, ¡y todo para hacerme un regalo! Yo no como pescado, pero de todas formas los acepté.

Pensad únicamente cómo nuestros actos afectan a los demás... Una acción aparentemente insignificante como hacer una llamada telefónica marcó la diferencia en la vida de aquel hombre. Murió dos meses después, pero el dueño de la tienda de té llamó a Priya solo para decirle que el pescador había seguido hablando a todos de aquella llamada telefónica tan especial hasta el día de su muerte.

Este no es más que un ejemplo; pero, a sabiendas o sin ser conscientes de ello, todos estos pequeños actos de compasión, humildad, paciencia, valor y perseverancia que Amma inspira en millones de personas acaban filtrándose y afectando a muchos más. Ese es el indescriptible poder transformador que posee una verdadera maestra como Amma.

Algunos piensan que la antigua ciencia de la espiritualidad niega la vida, pero es justo lo contrario: afirma la vida. Los antiguos santos y sabios valoraban y daban la bienvenida tanto a la riqueza exterior como a la interior. Este es el camino que sigue Amma, creando una hermosa combinación de ciencia y espiritualidad, materia y espíritu. Para Amma, el mundo y Dios no son dos, sino uno. Amma dice: «Igual que el Sol no necesita la luz de una vela, Dios no necesita nada de nosotros. Dios es el que da la luz. Hay muchas personas a nuestro alrededor que están sufriendo; démosles el consuelo y la ayuda que necesitan. Ese es el verdadero amor a Dios, esa es la verdadera espiritualidad».

No muy lejos de nuestro āśhram de Chicago, en Illinois (Estados Unidos), hay una escuela asignada a una comunidad necesitada. Las familias de los novecientos niños y niñas que asisten a esa escuela están en el umbral de la pobreza o por debajo del mismo. La mayoría de los niños no tienen servicio de autobús, por lo que deben ir a la escuela andando, a pesar de que en invierno las temperaturas pueden descender hasta los veintinueve grados bajo cero. Cuando la escuela se puso en contacto con nuestro āśhram en busca de ayuda, Amma respondió de una manera original.

Aquí en la India, las mujeres de Uttarakhand todavía se están recuperando de las inundaciones de 2013. Muchas de ellas se quedaron viudas durante la inundación, y su única fuente de ingresos en la actualidad es tejer, una labor que les enseñaron los voluntarios de Amma como parte del programa de ayuda a los afectados por el desastre, promovido por el Mata Amritanandamayi Math. Antes de que empezaran a aprender ese oficio, el suicidio y la depresión se habían extendido entre los supervivientes de la inundación. Actualmente, bajo la dirección de Amma, más de sesenta mujeres se dedican a tejer gorros de lana para mantener calientes a los niños de Chicago. En esta historia no hay perdedores, todos son ganadores. Los niños de Chicago recibieron ropa de abrigo y entraron en contacto con un mundo mucho más amplio de lo que nunca imaginaron. Las mujeres de Uttarakhand se ganaron el sueldo, sintieron orgullo por su trabajo y la satisfacción de saber que sus esfuerzos estaban ayudando a otros necesitados. Pero tal vez los verdaderos ganadores fueron los voluntarios quienes, inspirados por Amma, decidieron pasar parte de su tiempo realizando servicio desinteresado. Con ello beneficiaron al resto de los participantes de esta historia a la vez que ellos mismos se transformaban, y su mente y su corazón se ampliaban por la alegría especial que se obtiene al servir bajo la guía de Amma.

Inmediatamente después del catastrófico terremoto de magnitud siete que sacudió Haití en enero de 2010, un grupo de devotos de Amma dirigido por el brahmachārī Dayamrita fue enviado desde Estados Unidos para evaluar la situación y determinar la clase de ayuda que podía prestar Embracing the World para atender las necesidades existentes. El contingente llegó el día después del terremoto en transporte privado —la única forma de volar a la isla, ya que los vuelos comerciales tenían prohibido aterrizar en Haití— y se unió a uno de los equipos de atención hospitalaria de Florida que habían volado hasta allí para realizar operaciones quirúrgicas. Los haitianos, presos de un tremendo dolor, estaban desorientados, y muchos de ellos ni siquiera sabían lo que les había sucedido a sus seres queridos. Por eso, la parte más valiosa del tiempo se dedicó a darles consuelo, a pesar de la barrera del idioma. Sin palabras, el equipo abrazó a la gente, se sentó con ellos y lloró junto a ellos.

Por supuesto, también se llevaron a cabo otras tareas. A pesar del caos total que reinaba en el país, de alguna manera se consiguió localizar suministros de arroz y frijoles, que tras ser empaquetados fueron repartidos entre los que no tenían nada para comer.

En el terremoto murieron cientos de miles de personas. Para los que sobrevivieron, la vida se convirtió en un desafío abrumador. Cuando quedó claro que la mayor parte de las casas cercanas al epicentro del terremoto —una zona muy poblada— habían quedado reducidas a escombros, sus habitantes se vieron obligados a vivir en los parques del centro de la capital,

Puerto Príncipe. La estación de las lluvias estaba a punto de comenzar y no hace falta decir que aquella gente carecía de protección contra los elementos. Embracing the World pudo negociar con una empresa de Florida la entrega de un barco cargado de lonas, lo que supuso un gran alivio para miles de familias sin hogar.

Durante una visita posterior a Haití, apenas unas semanas después del terremoto, se hizo evidente que los niños en edad escolar, muchos de los cuales se habían convertido en huérfanos, no podían pagar la matrícula de la escuela. Se identificaron treinta niños y niñas que habían perdido a uno o ambos progenitores y Amma, en un esfuerzo por mantenerlos escolarizados, se ofreció a pagar su matrícula mensualmente durante todo el ciclo de secundaria, con independencia de su edad o del grado que estuvieran cursando. Actualmente, muchos de esos estudiantes se están graduando en secundaria, y esperan con agradecimiento la posibilidad de estudiar una carrera para hacerse médicos o maestros.

El siguiente párrafo arrojará algo de luz sobre la visión que tiene Amma de la educación: «La situación actual de la educación nos obliga a precisar que la escuela debe proporcionar una "educación basada en valores". Esta expresión implicaría que los valores no son una parte integrante de la educación en sí misma. En realidad, el término "educación basada en valores" hay que considerarlo redundante, ya que la verdadera educación promueve una filosofía que se basa en el desarrollo espiritual, moral, social y cultural. Dicha filosofía educativa permite a los estudiantes desarrollar su propia brújula moral y ética, que les indica lo que está bien y lo que está mal. Lamentablemente, ahora los valores y la educación discurren por caminos separados. El sistema educativo actual carece de un nexo de unión entre la vida, el individuo, la sociedad y la naturaleza. Ese elemento que falta es la espiritualidad, los valores espirituales».

La belleza de la vida y la experiencia de la felicidad no están relacionadas con el aumento de las posesiones. Las cualidades que uno abraza son más importantes. Sea usted un cabeza de familia, el jefe de una organización o el líder de un país, si tiene una actitud afectuosa, humildad y la inclinación a sacrificar sus propios intereses y comodidades personales por el bien de los demás, será recordado, adorado y amado como alguien realmente insustituible. Su nombre y sus acciones permanecerán para siempre como una luz y una guía para la humanidad.

La espiritualidad de Amma no está desconectada del mundo, sino que abraza al mundo. Para Amma, la espiritualidad no está separada de la vida; es parte integrante de nuestra experiencia cotidiana. Para ella, la vida es a un tiempo lógica y misteriosa, quizás más misteriosa que lógica. Amma crea una hermosa combinación con estos dos aspectos de la vida. Como si de un catalizador perfecto e incomparable se tratara, Amma transforma todas las vidas que toca.

10 | EL CONVINCENTE PODER DEL ALTRUISMO

Según estudios realizados recientemente, «el ateísmo es inconcebible». Los investigadores dicen que hasta los ateos que afirman «no hay Dios» creen en un poder majestuoso sin principio ni fin. Sin embargo, los que se autoproclaman ateos ocultan ingeniosamente su fe.

Algunos científicos sostienen lo siguiente: «Los seres humanos son creyentes de nacimiento, no ateos. La fe en Dios es una parte intrínseca de la constitución genética y la naturaleza de una persona, y no puede ser eliminada. Por tanto, el ateísmo es psicológicamente imposible».

Tanto ahora como en la antigüedad, la mayor parte de los científicos creen en un poder primordial. Los que se han propuesto demostrar que no existe ese poder tal vez se consideran todavía más sabios y experimentados que los que han demostrado su existencia mediante la experiencia directa. Dadas las limitaciones del intelecto humano, capaz de discurrir únicamente dentro de los límites del espacio-tiempo, ¿cómo puede dicho intelecto probar la inexistencia de un poder que trasciende sus limitaciones?

Los científicos intentan confinar el universo dentro de los límites del espacio-tiempo, circunscribiéndolo a sus leyes «científicas».

Al mismo tiempo, debemos recordar la teoría del agujero de gusano tal como la explicó el eminente científico Albert Einstein. La teoría del agujero de gusano postula que un hipotético paso a través del espacio-tiempo podría crear atajos para realizar largos viajes por el universo. Según esta teoría, el espacio-tiempo se curva bajo la influencia de los campos (por ejemplo, un campo gravitatorio). Así, para viajar rápidamente de un punto en el espacio y el tiempo a otro punto, solo hay que doblar el espacio-tiempo. La comunidad científica no ha descartado por completo la posibilidad de que esta teoría sea cierta.

Hay una historia interesante que me gustaría contar. Tuvo lugar en 1987, durante el viaje preliminar que realizamos por Estados Unidos para preparar la primera visita de Amma. Llevábamos dos semanas de viaje y ya la echaba muchísimo de menos. En ese momento nos encontrábamos en el monte Shasta, en California. Mi corazón anhelaba escuchar la voz de Amma. En esos tiempos resultaba muy difícil hacer una llamada internacional a una remota aldea de la India y el āśhram solo disponía de un teléfono fijo. Traté de telefonear a Parayakadavu/Vallikkavu, en el Distrito de Quilon (Kérala) a través de un operador de Estados Unidos, ya que el teléfono que estaba usando no permitía marcar directamente. El operador no tenía ni idea de dónde estaban Vallikkavu o Quilon. Sin embargo, estuvo de acuerdo en intentarlo. Esperé expectante hasta pasada la medianoche. Finalmente, en vista de que no parecía posible establecer la conexión, me fui a la cama con el corazón encogido.

No sé qué hora era, ni si estaba despierto, dormido o soñando... De repente, el tipi (tienda cónica circular) en el que estábamos se inundó de una luz brillante, agradable y relajante. Se olía una fragancia sobrenatural. Estaba observando todo eso con admiración cuando Amma entró sonriente en el tipi, se acercó a mi cama y me dijo cariñosamente:

—Hijo mío, no estés triste; Amma está contigo.

Repitió este mensaje dos veces más y después desapareció. Se esfumó por completo. Y luego, casi de inmediato, sonó el teléfono. ¿Me desperté al escuchar el sonido del timbre, o ya estaba despierto? No estoy seguro. Cuando levanté el auricular, el operador dijo:

—Conectando su llamada internacional con Quilon.

Al cabo de unos instantes escuché la voz de Amma al otro lado de la línea. Ella me dijo:

—Hijo mío, no estés triste; Amma está contigo.

Repitió este estribillo dos veces más, como en la visión, y después, antes de que pudiera decirle nada, la línea se cortó.

¿Qué sentimientos me embargaban en esos momentos? Es difícil describirlos. Era algo intenso, un estado mental tranquilo y silencioso en el que lágrimas de una alegría desconocida rodaban por mis mejillas. Esa dicha se prolongó el resto de la noche y las semanas siguientes...

Esta experiencia puede interpretarse como una ilusión de la mente, como el cumplimiento de un deseo almacenado en mi subconsciente o tal vez simplemente como un sueño. O se puede argumentar que lo que experimenté eran «meros impulsos cerebrales eléctricos que extraen pensamientos e imágenes al azar de nuestros recuerdos», con ningún significado en particular. O también se puede definir como una interacción de protones, neutrones y electrones. Sea lo que fuere, un sueño es un sueño, no tiene una sustancia real. Sin embargo, mi experiencia no encaja en esa descripción. Fue algo muy poderoso, una realidad tangible para mis sentidos. Por eso, en lugar de analizarla desde un punto de vista científico y lógico, prefiero creer en el poder divino de Amma, capaz de «doblar el espacio-tiempo». Esa creencia me proporciona una tremenda inspiración. Después de todo, para alguien que es capaz de controlar los elementos, no resulta una hazaña imposible. Eso es lo que la teoría del «agujero de gusano» de Einstein anunció al mundo, ¿no es cierto?

Albert Einstein también describió la perspectiva limitada con que contemplamos el tiempo y el espacio: «El ser humano es parte del todo al que llamamos "el Universo", una parte limitada en el tiempo y el espacio. Se experimenta a sí mismo, sus pensamientos y sentimientos como algo separado del resto, una especie de ilusión óptica de su conciencia. El esfuerzo por liberarse de este engaño es el único problema de las verdaderas religiones. El modo de alcanzar la paz, en la medida de lo posible, no es alimentar el engaño, sino intentar superarlo». El hecho de que Einstein fuera creyente o ateo es discutible, pero siempre consideró el orden inherente y la profundidad de la naturaleza del universo con asombro y veneración.

A lo largo de los cuarenta años que he convivido con Amma he asistido a una serie interminable de experiencias maravillosas, muchas de ellas inexpresables. Permitidme contar una de tantas. Un día, hace unos años, mientras hablaba con unos devotos en Amritapuri, un hombre se unió a nuestro grupo. No lo había visto antes. Parecía estar escuchando la conversación. De repente, en mitad de la charla, me planteó la siguiente pregunta:

—¿Qué tiene de bueno tu guru, Amma?

No daba la impresión de ser un devoto; el tono de su voz tampoco era amable. Llevaba varias revistas y un diario doblados bajo el brazo y, si a eso unimos su actitud y la expresión de su rostro, más bien parecía un detective. Cuando oí esa pregunta salida de la nada, pensé que antes de responder debía averiguar quién era mi interlocutor.

—¿De donde es usted? ¿Cómo se llama? —pregunté.

—¿Necesita conocer mi dirección antes de contestar mis preguntas?

Las puertas del āśhram de Amritapuri permanecen abiertas para todos. Aunque la gran mayoría de los visitantes son devotos de Amma, también se pueden encontrar adeptos a otras religiones e incluso no creyentes deambulando por las instalaciones. Normalmente los visitantes respetan el ambiente, la etiqueta mínima, las normas y los reglamentos. De ahí que un comportamiento como el descrito resultara infrecuente e inesperado. Esa conversación podía degenerar fácilmente en un choque desagradable, así que le ordené a mi mente «no digas nada» y recordé la frase de las escrituras: *athithi dēvō bhava*, «el invitado es Dios». Debía tratarlo en consecuencia. En cualquier caso, admiré mentalmente su audacia, ya que el encuentro tenía lugar frente a la sala principal de oración de Amritapuri, que estaba llena de devotos.

Durante un rato ninguno de los dos habló. Finalmente, mi invitado dijo:

—Mi nombre es... Soy de... He venido aquí para realizar una investigación.

—¿Qué está usted investigando?

—Quiero saber si Dios está aquí.

El desprecio y la altivez de sus palabras y de su tono eran incuestionables.

—Dios está en todas partes, no solo aquí. En realidad, creo que no hay nada que no sea divino, ni aquí, ni allá, ni en ninguna parte —respondí.

—¿No es eso simplemente una creencia irracional?

—Quizás... ¿Cuál es su opinión racional? —le pregunté.

—Que no hay Dios. No existe un poder así. Creo en el razonamiento, no en supersticiones.

—¿No es eso también una creencia, ya que usted ha dicho «creo en el razonamiento»? ¿Dónde está la lógica de afirmar simplemente «no hay un poder así»? Sin embargo, debo admitir que nuestra forma de pensar tiene algo en común: ambos somos creyentes, ¿o no?

—Es posible que así sea. Pero hay una gran diferencia entre nosotros —señaló mi invitado.

—De todas formas, el hecho es que no hay existencia sin fe. Hay que creer en algo, ¿no es cierto?

—Eso no importa. El hecho de que usted crea en Dios y yo sea un ateo declarado indica que hay una gran diferencia entre nosotros.

—Pero los dos somos seres humanos. Tenemos en común nuestra humanidad. Amigo —seguí—, ¿puedo preguntarle algo? A mi entender, el «ateísmo» no supone ni una falta de fe ni la negación de Dios. Es una perspectiva respecto a la existencia de una divinidad, o de un poder supremo, que trasciende nuestras capacidades mentales. Sin embargo, lo primero que usted dijo fue: «Quiero saber si Dios está aquí». ¿No significa eso que no puede refutar completamente la existencia de Dios? Si alguien sabe que no hay Dios, ¿para qué iba a venir aquí en nombre de una investigación precisamente sobre ese tema?

No sé si fue porque mi respuesta tocó alguna fibra sensible, pero de repente el hombre se enfadó.

—¿Me está diciendo que me vaya?

—Perdóneme. No quise decir eso. Si se siente así, le pido disculpas. Simplemente he querido expresar una duda acerca del tema de nuestra conversación.

Pero mis palabras lo habían ofendido mucho.

—¿A esto llevan sus creencias religiosas y su fe en Dios? ¿Es así como Amma le ha enseñado a comportarse?

—Amma nos enseña a ser humanos. Lamento mucho que mis palabras le hayan lastimado tanto —respondí.

Traté de apaciguarlo de muchas maneras. Me disculpé muchas veces. Sin embargo, su ira no disminuyó ni un ápice. No podía entender por qué estaba tan furioso. Después, sin más alharacas, nos separamos.

El siguiente capítulo de esta historia tuvo lugar en el patio del templo Brahmasthānam de Calicut. La multitud era tan grande que apenas quedaba espacio entre los asistentes que se encontraban de pie. Amma recibía a sus hijos individualmente. Repartía misericordia, lanzaba miradas y derramaba el néctar de su compasión entre todos por igual. Me quedé a poca distancia del escenario, en un lateral, contemplando un «darśhan» característico de Amma.

Los corazones fluían hacia ella como un torrente. Algunos derramaban lágrimas de alegría, sumidos en el éxtasis de la devoción pura. Otros se habían quedado quietos, absortos en un espacio de meditación. Unos se hallaban sumergidos en la alegría suprema. En otros, los diques del dolor se habían roto, liberando un diluvio de lágrimas. Amma estaba atrayendo a todos y todo hacia su seno materno. Su maternidad universal recordaba el mar infinito del amor supremo.

Mientras observaba todo esto, advertí la presencia de un hombre que presentaba sus respetos a Amma tocándole los pies. Con la mayor devoción, se apoyó en su hombro. Después, levantando la cabeza, le dijo algo, volvió a postrarse, extendió ambas manos para recibir el prasad de Amma y a continuación desapareció entre la multitud. Como estaba viendo de cerca el darśhan de Amma, lo reconocí de inmediato: era el «ateo» que había visto en Amritapuri. Rápidamente fui a donde estaban los monitores de circuito cerrado. Por curiosidad, y para quedarme tranquilo, miré lo que habían grabado las cámaras. No me había olvidado de su rostro. Sí, realmente era aquel hombre...

Pero lo que me dio que pensar fue otra cosa. ¿Existiría algún motivo oculto por el que viniera a ver a Amma? No era tan tonto como para no darse cuenta de que alguien podía reconocerlo o identificarlo entre la multitud. No le habría resultado difícil adivinar que yo estaría aquí. ¿Qué había ocurrido desde el momento en que nos conocimos en Amritapuri hasta el día de hoy? Estaba ansioso por averiguarlo. Pero ¿a quién preguntar?

Habían pasado aproximadamente entre una hora y media y dos horas. El darśhan todavía seguía. Oí que alguien llamaba a mi puerta. Cuando la abrí, vi a un voluntario allí de pie.

—Swāmiji, ha venido a verte alguien.

Antes de que pudiera completar la frase, el visitante apareció frente a mí: ¡era mi ateo personal! No pude ocultar mi asombro. Debió ser la expresión de mi rostro lo que le hizo sonreír ampliamente. Noté que en él se había producido un cambio.

—¿Cómo le va? ¿Qué le trae por aquí...? —pregunté.

—Vine a ver a Amma.

Estaba pensando por dónde empezar y qué podía preguntarle cuando empezó a hablar de nuevo:

—Estoy seguro de que recordará nuestro encuentro en Amritapuri y el modo en que nos separamos. Aquel día me quedé allí mucho tiempo, antes de irme. Mientras paseaba por el āśhram, se me acercó un hombre y me preguntó: «¿Es la primera vez que viene a ver a Amma? Entonces puede ir al darśhan inmediatamente». Decidí que era una buena oportunidad para conocer personalmente a «la Madre Universal» y hacerle algunas preguntas. Acompañé al hombre adonde estaba sentada Amma. Había otras personas esperando el darśhan delante de mí. Finalmente, me encontré justo delante de Amma. Sin embargo, no me abrazó como hace con todos. Antes de que pudiera abrir la boca para hacerle las preguntas que había preparado, Amma se echó a reír y dijo: «Hijo, el hecho de que Dios exista o no puede ser discutible; pero nadie puede negar que hay personas que sufren en el mundo, ¿no es verdad? El verdadero significado de Dios consiste en servirlos y amarlos. Amma siempre está dispuesta a lavar los pies de alguien que sirve desinteresadamente al mundo y a beber alegremente esa agua sagrada, sin importar de quién sea. Antes que al devoto ungido con marcas sagradas, Amma prefiere al que ama a los demás desinteresadamente, aunque no lleve esas señales».

El hombre siguió con su relato:

—Sentí como si un rayo me hubiera golpeado en algún lugar muy profundo. Me quedé estupefacto. Nada me funcionaba: ni la lengua, ni la capacidad de expresión, ni la mente. Amma seguía mirándome y sonriendo. Al cabo de unos momentos, me levanté lentamente y me fui.

«Caminé hasta llegar al aparcamiento que hay detrás del āśhram. Estaba desierto. De pie, bajo un cielo inmenso, sentí como si una agradable brisa soplara tanto dentro como fuera de mí. Era como si alguien hubiera abierto una puerta que había permanecido cerrada durante años...

«Después de estos sucesos, vine al āśhram una vez más para confesarle todo a Amma y pedirle perdón. También quería encontrarme con usted, Swāmiji, pero no fue posible, porque estaba fuera. Todavía no me considero un devoto, pero las palabras de Amma y su presencia han sido capaces de provocar una transformación en mi interior. Prevalecen en mi interior como un poder incomparable, inolvidable e irresistible que no puede ser dejado de lado ni olvidado.

Terminó su explicación con un largo suspiro y después, emocionado, mi amigo me apretó las manos con fuerza y se las acercó al pecho.

—No pretendo ser un devoto, ni creo tener fe en los milagros. Sin embargo, personalmente creo que sería irracional por mi parte no aceptar a una persona como Amma. Tendría que ser completamente estúpido para negar una personalidad sin igual como la de ella. Sería hipócrita conmigo mismo si no reconociera su enorme generosidad, el amor puro que da, su excelente capacidad de escuchar, ya que todo esto lo pone en práctica ante mis propios ojos... —. Y se fue.

Mientras lo veía alejarse en la distancia, sus sinceras palabras seguían resonando en mi mente. La vida y la presencia de Amma recuerdan la profundidad y la extensión de un océano que da la bienvenida a todos los ríos, concediéndoles a todos la misma importancia.

El «corazón» es la parte central del cuerpo humano. También podríamos llamarlo «conciencia». La mente está llena de impurezas y alberga innumerables emociones y pensamientos. El corazón o la conciencia es el sustrato de todo ello. En lo que a la moderna ciencia médica respecta, el corazón solo es un órgano que bombea sangre hacia las diferentes partes del cuerpo. Por contra, las escrituras lo consideran el asiento del alma. El corazón simboliza el anhelo de conocer el Poder Supremo latente en nosotros, de experimentar a Dios mediante un esfuerzo meditativo incesante y absorber esa sabiduría. El corazón representa el amor y el ansia del alma individual de entregarse al Yo Supremo y fusionarse con él. Estos son los distintos significados de la palabra «corazón» en el discurso espiritual.

Por ejemplo, hay momentos en mi vida en los que todo mi ser se abre. Sucede especialmente cuando canto bhajans para Amma. A veces es como si mi corazón explotara. Es una experiencia espiritualmente edificante.

Mi corazón desborda amor. Es la embriaguez divina. No hay palabras que puedan describir fielmente ese sentimiento. Esa experiencia puede sucederle a todo aquel que considere que el trabajo es una adoración. Si observas de cerca esos momentos de inexplicable alegría, encontrarás que la fuente se halla en el lado izquierdo de tu pecho, allí donde se encuentra el órgano físico que llamamos corazón.

¿Por qué es Amma la madre del universo? Porque en su presencia experimentamos la plenitud del corazón, que es el centro mismo del universo. La experiencia subjetiva de Dios y las cualidades divinas de Dios, como el amor, la pureza, la paz, la compasión, la dicha y la visión ecuánime, se expresan como algo real. La presencia física y las acciones de Amma constituyen la prueba de que mōkṣha, el estado más elevado de la existencia humana tal como se describe en los Vēdas y las Upaniṣhad no es un mito, sino una experiencia real. Amma y sus cualidades divinas dan vida al poderoso concepto de «Jagadambā» (Madre del Universo) tal como se describe en la fe hinduista. Por esa razón Amma es la madre de todos. Su maternidad divina que todo lo abarca es la verdadera fuerza de atracción irresistible de Amma.

11 | INSTALADA PERMANENTEMENTE EN SAHAJA SAMĀDHI

¿Hay alguien en el mundo que no medite? Si dices que no, tu respuesta sonará descabellada, pero se corresponderá con la verdad. Cuando tenemos hambre, meditamos en la comida. Cuando tenemos sueño, ningún otro pensamiento ocupa la mente; olvidándonos del tiempo y del lugar, meditamos y convocamos a la diosa del sueño. Y qué decir de la determinación del ladrón que se ha propuesto robar. O un bebé que medita en la leche de su madre. La concentración del depredador que acecha a su presa también es una forma de meditación. También es conocida la «meditación» de la cigüeña, cuando permanece inmóvil para atrapar a los peces que nadan en aguas poco profundas. Del mismo modo, las plantas y los árboles también meditan, aunque posiblemente no seamos conscientes de ello.

La meditación es algo natural para nuestro Yo Supremo, para nuestro Yo interior. La esencia y el sustrato de la meditación es el amor. Cuando reflexionamos sobre cosas, personas y lugares que nos gustan, ¿no se vuelve nuestra mente una con ellos? La meditación es una corriente ininterrumpida de pensamiento dirigida hacia un objeto. Sin embargo, cuando se incluye el sentimiento del amor, la meditación evoluciona hacia el éxtasis espiritual y adquiere una dimensión diferente.

¿Qué le sucede al amante cuando rumia en soledad los dulces recuerdos de un amor delicioso? Su estado anímico y su imaginación se intensifican. Sus ojos se cierran sin esfuerzo. Aunque solo sea por unos momentos, se olvida todo lo demás y alcanza un estado de absorción. Se trata de una experiencia meditativa, aunque no llegue a alcanzar las profundidades de la verdadera meditación.

La mayor parte de las personas, cuando se refieren al «amor», aluden solamente a una experiencia puramente física y emocional. En realidad, no se trata de amor, sino de lujuria. Y, sin embargo, no se puede afirmar categóricamente: «eso no es amor». En palabras de Amma: «Estamos en el nivel más bajo del amor, algo así como el peldaño inferior de una escalera. En lugar de permanecer allí, hay que utilizarlo para ascender. Cuando lo hacemos, ese amor se transforma gradualmente en meditación».

Los seis centros corporales descritos en el kundalini yōga —desde el mūlādhāra hasta el ājñā chakra[2]— no son realmente partes del cuerpo que sean perceptibles a la vista. Son representaciones simbólicas del poder espiritual latente. También constituyen una ciencia ultrasutil y una experiencia interna.

La energía del amor es incuestionable. Es la forma más pura de energía que una persona corriente puede experimentar. Sin embargo, su potencial depende de su pureza. Cuanto más puro es el amor, mayor es su poder. El amor que se siente en el nivel del cuerpo y las emociones reside en el mūlādhāra (el más bajo de los seis

---

[2] Chakra = rueda. Se refiere a los plexos nerviosos o centros psíquicos de conciencia. Hay un total de siete chakras ubicados a lo largo de la médula espinal, desde la base hasta la bóveda craneal. El chakra mūlādhāra se encuentra en la base de la columna vertebral, el chakra ājñā entre las cejas y el chakra sahasrāra, concebido como un loto de mil pétalos, en la parte superior de la cabeza.

chakras). Por lo común, hay dos posibilidades para el amor en ese nivel: puede ascender al más alto nivel de existencia o, como suele ocurrir en la mayoría de las personas, puede permanecer en el nivel más bajo, el círculo de emociones básicas creado por el cuerpo y la mente.

El loto disfruta de una posición destacada en la iconografía hinduista. Es un símbolo imperecedero y encantador de abundancia, belleza, éxito espiritual y eternidad. Cualquiera se detendría a mirar esta flor, que aun emergiendo del lodo irradia una gloria inmaculada. La belleza etérea del loto es una metáfora de la evolución espiritual del amor, que permanece atrapado en el chakra mūlādhāra debido a la sensualidad. El loto rosado, que florece a partir del barro, es un símbolo de la peregrinación espiritual del buscador, de su progreso desde el mūlādhāra hasta el loto de mil pétalos del sahasrāra (el punto más alto de la existencia espiritual).

El mūlādhāra indica un extremo de la existencia. Cuando el amor que habita en él se purifica y se transforma mediante el tapas, progresa hacia el otro extremo, el sahasrāra de mil pétalos. De ese modo, la lujuria, que es la forma más baja de energía, se transforma en la forma más elevada, más poderosa y más pura, que es el amor incondicional. Ese florecimiento es el que se ve en el loto.

Como el más elevado despertar espiritual es inconcebible para la mente o el intelecto, los antiguos visionarios utilizaron el símbolo del loto floreciente, que emerge del barro y se eleva de la suciedad a la dignidad, de lo más bajo a lo más alto. Es una experiencia subjetiva. Quizá la metáfora más cercana que los sabios pudieron encontrar fue la de un capullo que se va abriendo hasta florecer por completo. La palabra sahasra representa el infinito en las escrituras. Entonces, el sahasra-dala-padma (el loto de los mil pétalos) significa la experiencia del Brahman infinito, la unidad con la totalidad, lo que supone el regreso al estado original de dicha infinita.

El hecho es que la meditación es el estado más elevado del amor. Cuando se alcanza ese noble estado, el amor sufre una metamorfosis: se vuelve sin forma. Cuando el deseo de conocer a Dios se convierte en un dolor interno agudo y ardiente, el amor se purifica en el fuego de ese anhelo. La intensidad de ese anhelo es la misma que la del tapas. A medida que aumenta la profundidad y la omnipresencia del amor, se convierte en una presencia pura que trasciende todos los límites. Eso es lo que quiere decir Amma cuando afirma: «Soy amor, la esencia del amor».

Una vez, alguien le preguntó a Amma: «¿Son diferentes el amor y la meditación?». Amma dio la siguiente respuesta: «Los que piensan que el amor y la meditación son dos cosas diferentes no han entendido la profundidad y el significado de ninguno de los dos. Cuando se profundiza en el amor, este se convierte espontáneamente en meditación. El amor es el poder que ayuda a la flor de la meditación a crecer, florecer y difundir su fragancia por todas partes. Primero, el amor basado en el deseo debe convertirse en amor desinteresado. Gradualmente, se pasa de la adoración a Dios con atributos a la adoración de lo Divino sin forma. En ese estado, se contempla todo como la gloria y la belleza de Dios. El mundo se convierte en Dios».

La palabra «meditación» deriva etimológicamente del latín *mederi*, que significa curar. Palabras como «medicina», «médico», «meditar» y «medicar» se derivan de «mederi». Necesitamos medicamentos para curar las enfermedades que afectan el cuerpo. Del mismo modo, la meditación es necesaria para curar los males de la mente.

En realidad, para acelerar la curación sería conveniente que, junto con los medicamentos que tomamos para curar las enfermedades del cuerpo, pudiéramos también meditar. Si entendiéramos el vínculo entre la medicina y la meditación, la evolución del tratamiento que prescriben los médicos cambiaría drásticamente. Quizá este sea el significado del antiguo adagio malayali «medicina y mantra». Por medicina, desde luego, se entiende el tratamiento adecuado a cargo de un médico cualificado y los medicamentos recetados. Agrega el *mantra japa* (recitación repetida de un mantra) y tendrás la fórmula divina que realmente cura.

Hay que ser tan paciente y tolerante como la Tierra para someter la mente, obtener paz y alcanzar la meta de la espiritualidad por medio de la meditación. El paciente postrado en cama no puede permitirse el lujo de ser impaciente. La paciencia es absolutamente necesaria para la curación. La impaciencia puede tener consecuencias adversas.

Hay dos clases de enfermedades: físicas y mentales. La mala salud física puede curarse con medicamentos y es posible curar la mala salud mental mediante la meditación.

Hay que amar el campo de actividad que se ha elegido para conquistar las cimas del materialismo y la espiritualidad. Debemos abrazarlo de todo corazón. «El poder del amor proporciona el impulso de un cohete y la meditación lo lleva a uno hasta la cima», dice Amma.

Se sabe que algunos científicos y artistas con una prodigiosa capacidad intelectual han experimentado ese estado de meditación. Cuando leemos las obras de determinados grandes poetas y escritores, su elevada visión nos hace sentir que les han sido revelados los secretos del universo. Por desgracia, salvo unos pocos, la mayoría caen víctimas de las tentaciones de la mente y se entregan a ellas sin control, arruinando así sus vidas.

Cuando los bailarines danzan, cuando los vocalistas cantan y cuando los músicos tocan sus instrumentos, parecen deslizarse hacia un estado de abstracción meditativa. Sin embargo, ninguno de ellos puede permanecer en ese estado o entrar en el reino de la dicha sin fin. Pueden mantenerse absortos algún tiempo; después vuelven a caer en los habituales conflictos y la agitación mental. Esa es una de las razones por las que la meditación es importante. Como dice Amma: «Igual que la comida y el sueño, la meditación y las prácticas espirituales deben convertirse en una parte indispensable de nuestro programa diario».

Como se dijo anteriormente, la intensidad del amor aumenta la profundidad de la meditación y la completa. Cuando la meditación se convierte en un medio de purificación mental y liberación espiritual, el amor en el que se asienta se transforma y es capaz de llevar al buscador hasta los niveles más altos de la existencia. Amma dice: «Cuando la meditación se convierte en una corriente ininterrumpida, en un flujo incesante, en ese momento experimentas una unidad absoluta con el todo».

Amma es el estado más elevado de meditación. La quietud, la dicha y la belleza de la meditación son evidentes en todas sus actividades. Si observamos a Amma de todo corazón, esa experiencia nos resulta evidente. Poco a poco, podemos convertirnos en herederos legítimos de la misma vivencia. El mejor lugar para absorber la esencia de la meditación y convertirse en la meditación misma es la santa presencia de una satguru como Amma.

Amma dice: «Para cultivar manzanos y que den fruto es necesario un clima frío. En Kerala no crecen. Si lo hacen, no producirán muchas manzanas, ni estas serán tan dulces y sabrosas como las de los lugares donde se dan de forma natural. Sin embargo, los manzanos se desarrollan muy bien en Cachemira, ya que allí el clima es propicio. Del mismo modo, la presencia de un satguru constituye el "clima" ideal e inmejorable para los sādhakas que deseen practicar meditación y crecer espiritualmente».

Merece la pena meditar en las palabras de Amma: «Cuando la mente se disuelve en la verdadera meditación, no hay retorno. Cuando la mente se instala allí, uno se convierte en el auténtico corazón del universo. Todo se convierte en "yo", un "yo" que se extiende por todas partes. Se empieza a atraer todo. Se obtiene todo. Uno se convierte en una mera presencia capaz de elevar a todos, una presencia amorosa que toca a todos los seres, como un río que fluye o una brisa que acaricia al pasar».

El sahaja samādhi constituye el estado supremo de la existencia, en el que se está completamente instalado en la experiencia inalterable de la unidad con Brahman. Amma es la presencia gloriosa y desbordante de la sabiduría ancestral, de la perfección en la meditación y de la compasión. Su forma y su toque, tacto, sonido y silencio, su reserva y su elocuencia, su comida y su sueño, su juego y sus risas, su amor y su enojo, su mirada y su movimiento... todo ello es meditación, la manifestación continua del sahaja samādhi.

12 | LA NATURALEZA OMNICOMPRENSIVA DEL GURU

Amritapuri siempre está feliz. Celebra Guru Pūrṇimā sin cesar, debido a la presencia de la perfección bajo la forma de Amma. Todos los momentos con Amma son Guru Pūrṇimā. Su presencia desprende sobre la Tierra el resplandor del autoconocimiento. Todas las partículas de arena y las moléculas de aire de Amritapuri transportan las vibraciones de una gran fiesta. Una brizna de ese conocimiento debe haber iluminado el corazón de Śhrī Ottur Unni Namboodiripad, porque el primer mantra del aṣhṭōttaram (los ciento ocho atributos de Amma) que compuso es *Om pūrṇa brahma svarūpiṇyai namaḥ*, «adoramos a la que es la manifestación completa de lo Supremo».

Un satguru es realmente una encarnación del Yo Supremo. Guru Pūrṇimā es un día en que el discípulo recuerda con devoción y con un sentimiento de adoración la gloria sublime y la naturaleza omnipresente del guru.

El poeta místico indio del siglo XV Kabir describe la grandeza del satguru proclamando: «El guru es grande más allá de las palabras, y grande es la buena fortuna del discípulo». Cantó así la gloria del guru: «Es la misericordia de mi verdadero guru lo que me ha llevado a conocer lo desconocido. De él he aprendido a caminar sin pies, ver sin ojos, oír sin oídos, beber sin boca, volar sin alas. He llevado mi amor y mi meditación a la tierra donde no hay ni sol ni luna, ni día ni noche. Sin comer, he probado la dulzura del néctar. Sin agua, he calmado mi sed. Donde hay una respuesta en forma de deleite, se produce la plenitud de la alegría. ¿Ante quién se puede manifestar esa alegría?».

Para el discípulo, el guru lo es todo. La forma del guru y su ilimitada compasión son el objeto de su meditación. No hay otro lugar al que puedan acudir su mente y su intelecto. Son raros los discípulos que se han elevado hasta esas alturas. Son un milagro.

Amma dice: «La espiritualidad es un viaje de vuelta a la verdadera fuente de la que provenimos. Es parte del proceso evolutivo en que cada uno de nosotros tendrá que embarcarse tarde o temprano, ya sea en esta vida o en vidas posteriores». A los que preguntan: «¿Cuándo?», Amma les responde: «Ahora. Aquí. Este momento es el más adecuado para esforzarse por alcanzar ese conocimiento. Esperar a que desaparezcan los pensamientos antes de iniciar la búsqueda espiritual es como esperar que las olas se detengan antes de nadar en el mar. En el mismo instante en que surge la curiosidad por conocer la verdad de la existencia, hay que volverse hacia el interior y comenzar la autoindagación».

Cuando nos hayamos encontrado con un satguru, cuando esa manifestación humana de conciencia universal aparezca en nuestras vidas, no tenemos que demorarnos más, ya que no hay nada más grande en la vida. No dudes. No permitas que la mente corrompa tu anhelo. En cuanto surja el pensamiento «debo realizar mis prácticas espirituales sin más demora», hay que empezar sin perder ni un momento. La mente es voluble. Los pensamientos se mueven a la velocidad del viento.

En la Bhagavad Gītā, el gran guerrero Arjuna le dice a Kṛiṣhṇa:

> *chañchalam hi manaḥ kṛiṣhṇa pramāthi balavaddṛiḍham*
> *tasyāham nigraham manyē vāyōriva suduṣhkaram*

> La mente es muy inquieta, turbulenta, fuerte y obstinada, oh Kṛiṣhṇa. Me parece más difícil de controlar que el viento. (6.34)

En respuesta a la sincera duda de su discípulo, Kṛiṣhṇa aconseja una doble solución. Propone abhyāsa (práctica constante) y vairāgya (una actitud de desapego con el discernimiento adecuado) como formas de domar y disciplinar la mente.

¿Cómo se logra la excelencia en una determinada ocupación, ya sea arte, ciencia, negocios, política o cualquier otra? Con la práctica incesante, ¿verdad? Es como alguien que ha dominado el karate. Una vez dominado, no se requiere más esfuerzo; hasta los movimientos más complicados fluyen a través de ti. Ni siquiera tienes que pensar. Simplemente sucede. Pero para lograr esa espontaneidad se necesitan años de práctica voluntaria e ininterrumpida. Eminentes artistas, cantantes, músicos y atletas practican su arte sin falta todos los días durante horas y horas.

Amma pone un sorprendente ejemplo de vairāgya: «Supongamos que uno es alérgico al trigo o a los productos lácteos. ¿No se abstendrá de comer pizza, chapattis o helado, aun cuando todos sus amigos hayan pedido alguno de estos productos en un restaurante? Este buen juicio proviene de la comprensión de que consumir trigo o productos lácteos puede provocar una reacción alérgica grave, ¿verdad? Igualmente, un sādhak debe cultivar la aversión a los placeres mundanos, sabiendo que son perjudiciales para su crecimiento espiritual».

¿Qué le sucederá a alguien que se dedique a correr sin parar? Se cansará, se agotará y acabará desplomándose, ¿no es cierto? Debemos tomarnos un respiro y observar nuestra propia vida. ¿Qué estamos haciendo? Estamos corriendo una carrera física, mental y emocional, ¿verdad? Es lo que se conoce en nuestra sociedad moderna como «lucha por la supervivencia», una forma de vida en la que las personas compiten entre sí por el poder y el dinero.

Debemos permitir que nuestra conciencia se desarrolle. ¿Cómo ampliamos la conciencia? Amma dice: «En realidad, no hay ampliación ni contracción de la conciencia: siempre permanece íntegra e inmutable. Pero, mientras nos identifiquemos con el cuerpo y la mente, se producirá una aparente expansión de nuestra conciencia. Esto se materializará mediante pequeños actos de bondad y compasión —como sonrisas sinceras, palabras hermosas y conmovedoras, comprensión de los demás, olvido, perdón— o mediante prácticas espirituales como la meditación, el japa, etc.».

En la vida cotidiana nos encontramos en un proceso continuo de «hacer» y «deshacer». Como no lo vemos, no nos damos cuenta de ello. ¿No consiste una parte de nuestra vida en deshacer muchas de las cosas que llevamos haciendo tanto tiempo? Nos mudamos de una ciudad a otra, de una casa vieja a una nueva, de un vecindario familiar a otro desconocido, de una oficina o un entorno laboral a otro distinto. Todas las transiciones de la vida, tanto las más pequeñas como las más importantes, implican abandonar algunas de nuestras viejas costumbres y aprender otras nuevas. Eso se conoce como abhyāsa.

Poseemos la capacidad interior necesaria para adquirir cualidades espirituales, siempre que tengamos la seriedad y el entusiasmo que hacen falta para ello. Ese proceso también implica vairāgya, porque al pasar de una situación a otra tenemos que desprendernos de la primera. Si vemos la vida desde esta perspectiva, estamos constantemente practicando abhyāsa y vairāgya. Cuando la meta es el conocimiento de Dios, hay que aumentar la determinación y la intensidad de estos procesos.

La onda de pensamiento que surge en el momento presente se verá superada por las que la siguen. En nuestro interior tiene lugar un proceso evolutivo interminable. En este, el rugiente futuro empuja el presente hacia el olvido del pasado. Así es la mente. Por eso, si no convertimos inmediatamente los impulsos nobles en acciones, estos perderán su fuerza y podemos estar desperdiciando una oportunidad de oro de sumergirnos en las profundidades de nuestro Yo Supremo.

La espiritualidad es la búsqueda de la realidad de uno mismo, y su tema de estudio es el propio Yo. No hay nada más grande en este mundo que conocerse a uno mismo. Eso implica ser dueño de la totalidad de la existencia universal. Cuando la mente se purifica por medio de tapas, se revela la conciencia de que «yo soy Dios; yo soy todo». Con el amanecer del autoconocimiento, se trascienden los gustos y las aversiones. Las nociones de «dentro» y «fuera» se desvanecen. Se experimenta en el interior el infinito del mahā-ākāśha («el gran espacio», es decir, la conciencia universal).

Sin embargo, los que deseen seguir el camino deben prepararse para poder recibir el conocimiento más elevado. Cuando el buscador desarrolla esta disposición a prepararse, a permanecer siempre vigilante, aparece el satguru. Hasta entonces no lo experimentarás, aunque esté físicamente presente en tu vida. Eso es lo que quiere decir Amma cuando afirma: «En primer lugar, tiene que haber un discípulo. Solo entonces habrá un guru». Lo más importante es que el discípulo esté totalmente dispuesto a que lo disciplinen. El único objetivo del satguru es despertarnos del profundo sueño de la ignorancia. Por eso, si te sientes «entusiasmado» en presencia de un satguru, tómalo como una buena señal. Eso significa que el guru ha empezado a trabajar en ti.

Ser un discípulo exige un entrenamiento constante. En realidad, toda nuestra vida es una especie de preparación ininterrumpida. Desde el momento en que se corta el cordón umbilical, todos iniciamos un adiestramiento de por vida para llevar una existencia feliz y pacífica en este mundo. Sin embargo, una observación minuciosa revela que en todas partes la gente acumula mucha desilusión y frustración a lo largo de su vida, obteniendo como resultado final un inmenso dolor. La ironía es que, aunque nos estamos preparando continuamente para vivir, en realidad nunca vivimos. ¿No oímos a la gente confesar en su lecho de muerte: «durante toda mi vida solo me preparé para vivir, pero nunca viví»? Por eso es importante practicar la espiritualidad, siguiendo el principio de que hay que liberarse de los apegos poco inteligentes.

Hay una historia sobre un hombre muy rico que estaba enormemente apegado a sus riquezas. Era natural que deseara vivir mil años. Visitó muchos lugares sagrados y consultó a muchos santos con la esperanza de cumplir su deseo. Una vez, durante una peregrinación, alguien le dijo que había una antigua cueva en el Himalaya dentro de la cual fluía un pequeño arroyo cuya agua podría aumentar significativamente su esperanza de vida. Inmediatamente fue allí y encontró la corriente. El hombre estaba extasiado. Se sirvió el agua muy contento y se dispuso a beber. De repente, oyó una voz:

—No lo hagas. Piénsalo muy bien antes de beberte el agua.

El hombre miró a su alrededor. Había sido un cuervo. El hombre le preguntó al ave:

—¿Por qué? ¿Tienes algún argumento que justifique tus palabras?

El cuervo dijo:

—Sí, lo tengo. Bebí el agua del arroyo una vez. Ahora mi vida sigue y sigue indefinidamente.

Sin embargo, soy completamente infeliz y desgraciado. Lo he visto todo en la vida —siguió—, lo he experimentado todo: nombre, fama, poder, amor, éxito, fracaso, etc. Yo era el rey de la comunidad de los cuervos. He tenido muchas esposas e hijos... Cualquier cosa que se te ocurra, yo la he poseído. Ahora estoy harto y quiero terminar con esta vida de alguna manera, pero no puedo. Incluso intenté suicidarme. Eso también fracasó, porque debo agotar el período predeterminado de vida que me corresponde. Amigo mío, para ser sincero contigo, estoy sufriendo tremendamente, más de lo que se puede expresar con palabras. Por eso ten en cuenta mi petición y no bebas el agua.

Se dice que el hombre rico entendió la realidad de la vida y salió de la cueva sin consumir el agua. Esa historia es una metáfora para mostrar que cualquier cosa exterior a uno mismo puede ser una fuente de dolor en cualquier momento. Ni siquiera una elevada esperanza de vida pondrá fin al sufrimiento, ya que el apego carente de inteligencia seguramente alterará nuestro estado natural de paz y tranquilidad.

Eso no significa que no haya que tener deseos ni posesiones. Indudablemente se puede, pero no dejes que te posean. Ese es el secreto para llevar una existencia feliz. En el momento en que intentes aferrarte a algo y hacerlo tuyo, te verás desplazado del centro y la sinfonía de tu vida se convertirá en un canto melancólico. El trabajo de un satguru es recuperar la armonía y, después, allanar el camino para que alcancemos el estado de trascendencia. Pero hay que dejar que el guru trabaje con nuestros gustos y aversiones para que eso ocurra. El guru siempre está dispuesto, pero no comenzará su labor hasta que se lo permitamos.

He oído a muchas personas decirle a Amma: «Nunca antes he tenido este problema, pero desde que empecé a meditar me vienen a la mente infinitos pensamientos. ¿Por qué ocurre eso?». La respuesta es: porque nunca antes hemos tratado de meditar y silenciar la mente. La meditación es como encender la luz en una habitación oscura. Cuando encendemos una lámpara, todo lo que hay en la habitación se vuelve visible. Del mismo modo, cuando la meditación silencia la mente descubrimos las emociones negativas latentes. No es que la meditación cree nuevos pensamientos y emociones; simplemente te ayuda a ver lo que siempre ha estado allí.

La orientación directa y la presencia divina de un satguru nos da una idea de los diversos aspectos de la sādhanā espiritual, como la necesidad de ser flexibles para realizarla con independencia del tiempo y el lugar. Algunas personas aseguran: «Solo puedo meditar si estoy en un bosque, o en una cueva en el Himalaya». Eso también es apego, un obstáculo en el camino del conocimiento de Dios. Permítaseme citar a Amma. Ella dice: «Debes poder meditar sin que importe dónde te encuentres. Las veinticuatro horas del día deben estar completamente bajo tu control».

La paz y el silencio constituyen la naturaleza de nuestro Yo interior; sin embargo, la mente se opone a ese estado: la naturaleza de esta consiste en crear turbulencias y falta de armonía. A consecuencia de ello, en el momento en que intentamos regresar a un estado de ánimo pacífico, la mente interfiere e irrumpe los pensamientos y las emociones. La turbulencia no es algo natural en el Yo. Lo mismo ocurre cuando hierve el agua. Su estado normal es la quietud. El agua quiere retener su estado original, por lo que se agita cuando hierve.

En líneas generales, lo que desencadena las perturbaciones de la mente no es un objeto, persona o situación. Ni siquiera se trata de una relación física o psicológica. Ninguno de estos aspectos es capaz de activar el dolor. ¿No nos sentimos tristes o desconsolados por algo que ocurre en un lugar lejano, tal vez en el otro extremo del mundo, un desastre que le suceda a algún país o grupo de personas? ¿Tenemos alguna relación física con ellos? No. Entonces la causa del dolor o de la tristeza no es la relación en sí misma. El verdadero motivo radica en nuestra percepción errónea del mundo y sus objetos.

El mundo está en constante movimiento. El cambio es una ley inevitable. Por eso, el apego a algo o a alguien pronto queda sustituido por la aversión. Cuando te gusta algo o alguien, la aversión está esperando detrás de la esquina, lista para dominarte. Por eso nuestros grandes ṛiṣhis nos aconsejaron elevarnos por encima de las emociones y centrarnos en nuestro Yo Supremo, en nuestro verdadero Yo.

Justo antes de que comenzara la guerra de Kurukṣhētra, Arjuna fue bendecido por la fortuna sin precedentes de ver la forma cósmica de Kṛiṣhṇa. Tan solo imaginaos ese bendito momento. Esa visión excepcional fue la respuesta de Dios a una situación excepcional. Esa coyuntura espiritual condujo a Arjuna hasta las alturas del asombro y del temor y finalmente lo ayudó a pedir perdón por todos sus errores y a entregarse totalmente ante el Señor.

yacchāvahāsārtham asat-kṛitō'si
vihāra-śhayyāsana-bhōjanēṣhu
ēkō'tha vāpy achyuta tat-samakṣham
tat kṣhāmayē tvām aham apramēyam

Y si bromeando te falté al respeto de alguna manera, mientras jugaba, descansaba, me sentaba, comía, cuando estaba solo o ante los demás, por todo ello imploro tu perdón. (Bhagavad Gītā, 11.42)

En ese momento, Arjuna ya no veía al Kṛiṣhṇa que había sido su cochero hasta hacía un momento, a quien había considerado un igual, un amigo que se reía, jugaba y charlaba con él y con quien había experimentado tanto la cercanía como los conflictos que forman parte de la amistad. En ese bendito momento, Arjuna contempló ante él al Todopoderoso con forma humana. El capítulo once de la Bhagavad Gītā describe detalladamente esa maravilla asombrosa: «Con innumerables bocas y ojos, una miríada de aspectos maravillosos, gran variedad de adornos celestiales y armas divinas en alto...» (11.10)

Era como si la naturaleza se hubiera provisto de innumerables lenguas y cada átomo y cada brizna de hierba se dirigiera a Arjuna con una sola voz. Gracias a estas lenguas, Arjuna pudo entender el secreto del dharma.

El viśhvarūpa darśhan (visión de la forma cósmica) es un diálogo de Dios con el hombre, un mensaje de la totalidad de los poderes cósmicos, y también el consejo que el guru universal le da al discípulo. Para comprender el significado de las palabras pronunciadas por los grandes gurus no basta con saber sánscrito. Hay que ir más allá del lenguaje. Cada una de sus palabras, cada coma, punto y punto final son dignos de reflexión, ya que están impregnados de su aliento santificador.

El término «fuerza gravitacional» suele utilizarse para poner de manifiesto el poder de atracción de la Tierra. La Tierra no hace nada en particular y, sin embargo, todo se siente atraído por ella. Lo que se experimenta en presencia del satguru es algo parecido: una atracción por la naturaleza global del guru. Este atractivo es indescriptible, invisible, sincero y encantador.

El guru guía al discípulo hacia la fuente mística del poder infinito del universo. Por esa misma razón, su método de enseñanza puede no ajustarse al conocimiento y la lógica corrientes. El discípulo debe poseer la madurez suficiente para acoger las enseñanzas, y estar libre de ideas preconcebidas. El guru cambia por completo los conceptos y las creencias del discípulo. Destruye las ideas que tiene acerca del mundo, la vida y las relaciones. Durante ese proceso de remodelación, a veces puede parecer que la compasión del guru es despiadada.

¿No son los profesores a veces estrictos con sus alumnos, si de verdad desean que estudien adecuadamente, que tengan un futuro brillante, alcancen una posición elevada y cumplan sus deberes con una actitud de entrega? Esta severidad no es más que una máscara bajo la cual se oculta el cariño y el profundo amor que sienten los maestros por sus alumnos. Si ni siquiera somos capaces de adivinar las verdaderas intenciones de un maestro común y corriente, que enseña asignaturas de orden material, ¿cómo vamos a entender el modus operandi de un satguru que trata de preparar al discípulo para conocer el Yo Supremo?

Igual que la vasta extensión del cielo, el satguru es puramente una presencia. En ese caso, la enseñanza no se transmite por medio de la presión o de la fuerza. Nada sucede si el discípulo no da su pleno consentimiento, se muestra absolutamente receptivo y se entrega voluntariamente.

El autoconocimiento es la cúspide de la dicha. Una vez inmerso en ese océano de sat-chit-ānanda, no hay retorno. En ese estado no dual, se puede no sentir amor ni compasión por el mundo y sus habitantes. Pero las almas excepcionales regresan, como nuestra amada Amma, que es por naturaleza un océano de misericordia. Vuelven para elevar el mundo, socorrer a los que sufren y guiar a los buscadores de la Verdad. Fluyen como un Ganges de amor y compasión. Viven entre la gente corriente como uno de ellos, pero realizan su tarea con extraordinaria destreza. Son los satgurus, las encarnaciones divinas.

La tierra está bañada por la luz de la Luna, que conforta el cuerpo y consuela la mente; pero aun así el ser humano se fija en las sombreadas imperfecciones de la luna llena. Del mismo modo, debido a nuestra ignorancia, también encontramos defectos en la luna llena de la impecable presencia, pureza y luz divina del guru.

El guru es la encarnación de la paciencia y espera indefinidamente a que el discípulo abra su corazón. Sin embargo, los que desean convertirse en discípulos deben tener una comprensión clara de su propia vida y saber lo que realmente quieren. «¿Cuál es mi verdadero camino? ¿Tengo la madurez y la sabiduría suficientes para convertirme directamente en un sannyāsī (asceta que ha renunciado al mundo), tras haber pasado por el brahmacharya (fase de la vida caracterizada por el estudio espiritual)? ¿O mi dharma consiste en ser un cabeza de familia, a continuación pasar por el vānaprasthya (alejamiento de las responsabilidades mundanas) y finalmente llevar la vida de un sannyāsī? Los que eligen el camino espiritual deben plantearse seriamente estas preguntas y encontrar las respuestas. Recuerdo las palabras de Kṛiṣhṇa en la Bhagavad Gītā:

> *chaturvidhā bhajantē mām janāḥ sukṛitinō'rjuna*
> *ārtō jijñāsur arthārthī jñānī cha*
> *bharatarṣhhabha*

> Oh Arjuna, el mejor entre los hombres, cuatro clases de personas me adoran: los afligidos, los que buscan conocimiento, los que buscan riqueza y los sabios. (7.16)

Algunas personas solo buscan la ayuda de Dios cuando enferman, cuando se acercan los exámenes, cuando están en apuros financieros, etc. Son los arthas (el afligido que busca el cumplimiento de sus deseos). Luego están los que estudian materias como historia, geografía, música y literatura, y por curiosidad también pueden echar un vistazo al tema de Dios. Estas personas pertenecen a la segunda categoría de devotos, los jijñāsus (buscadores de conocimiento). Y otra categoría la forman los arthārthīs (buscadores de riqueza). Quieren riqueza, pero desean ganarla honradamente, ya que su meta es la liberación espiritual. En contraste con estas tres categorías, los jñānīs (sabios) no desean más que conocer a Dios.

Antes de hacerse discípulo sería conveniente tomar en consideración el consejo que Kṛiṣhṇa le dio a Arjuna. Hay que preguntarse: «¿a cuál de esas categorías pertenezco?», y encontrar la respuesta. El Señor no tiene una actitud parcial por ninguno de esos cuatro grupos. Dicho esto, el jñānī está más cerca de Dios en virtud de sus pensamientos, sus acciones y su actitud.

En realidad, Kṛiṣhṇa no tomó partido a favor de los Pāṇḍavas ni tenía prejuicios contra los Kauravas. Sería un error pensar así. El Señor, que era un satguru y tenía visión ecuánime, estaba por encima de los gustos y las aversiones. Su espíritu universal acogía a todos por igual, al amigo y al enemigo, al noble y al malvado. No hay lugar para tales distinciones, ya que todo el cosmos existe en el maha-ákash, que es la verdadera naturaleza del satguru. El universo surge de esa infinitud, existe en ella y finalmente se disuelve en ella.

Los Pāṇḍavas se refugiaron en Kṛiṣhṇa. En la guerra del Mahābhārata, su única petición fue que Kṛiṣhṇa estuviera de su lado, aunque fuera desarmado. Aunque el Señor no tenía enemigos, los Kauravas lo consideraron como tal. Kṛiṣhṇa no puede ser culpado por ello. El problema estaba en la mente y en la actitud de los Kauravas. Si el Señor hubiera albergado prejuicios contra los Kauravas, ¿les habría regalado su ejército nārāyanī, formado por un millón de soldados? ¿Ha sucedido algo parecido en la historia universal?

Una vez encarnados, debemos vivir en este mundo. Lo mismo les sucede a los satgurus. Sin embargo, su nivel de conciencia trasciende el universo en su totalidad. Kṛiṣhṇa honró esta

Tierra con su presencia hace cinco mil años, mientras que Amma vive aquí y ahora con nosotros. Las distintas edades van pasando, pero la fuente de la que emana el nivel de conciencia en el que viven los satgurus, así como su palabra, es una. Amma permanece en el mismo nivel supremo de conciencia en el que estaba establecido Kṛiṣhṇa.

Igual que Kṛiṣhṇa, Amma también descendió de ese reino supremo de conciencia a este mundo solo debido a su ilimitada compasión por los que sufren y por los buscadores espirituales que han dedicado su vida al conocimiento de Dios. La «compasión sin límites» es la única razón para que asuman una forma humana, trabajen entre nosotros y sean una tremenda fuente de inspiración para todos. No hay otra explicación.

Cuando el sat-chit-ānanda asume una forma humana, desciende a la Tierra y fluye como un Ganges de Amṛita (inmortalidad). Unos nadan en él; otros se bañan en él; algunos beben de él y otros escupen sobre él. El comportamiento de cada uno depende de su nivel de discernimiento y rectitud. No es que al río le importe;

solo puede fluir y seguirá fluyendo. Nadie puede detener esa corriente perenne desde Amritapuri hacia el resto del mundo. Vivir con Amma es lo mismo que vivir con Dios.

13 | GRACIA TORRENCIAL

«Aunque el Sol se halla muy lejos en el cielo, las flores de loto siguen floreciendo en la Tierra. Del mismo modo, la distancia no constituye una barrera donde hay amor». Estas son palabras de Amma. Los que se deleitan solo en el mundo de la lógica y el intelecto encuentran difícil comprender la profundidad de esta analogía; pero el despliegue del loto del corazón y la experiencia de su belleza y fragancia sobrenaturales no son desconocidos para aquellos cuyos corazones han experimentado la lluvia del amor puro. Mi vida ha sido una sucesión interminable de experiencias maravillosas.

Permitidme contar una de esas experiencias, que tuvo lugar al final de la gira de Amma por Japón y Norteamérica de 2017. Tanto en la India como en cualquier otro lugar, Amma se desplaza de un lugar a otro por carretera. Le acompaña una flota de autobuses con cientos de devotos. Amma tenía programado visitar la ciudad de Toronto, en Canadá, y permanecer allí cuatro días, durante los cuales celebraríamos la Guru Pūrṇimā. Posteriormente, Amma y el grupo que la acompañaba regresarían a la India. Muchos devotos de todas partes de Estados Unidos y Canadá iban a acudir a Toronto para la Guru Pūrṇimā.

Con independencia de la parte del mundo en que nos encontremos, por la noche se hace una parada para tomar el té y cenar. Esta costumbre se conoce como la «parada chai». Cuando viajamos por la India, estas paradas pueden realizarse en cualquier lugar: zonas solitarias o parques, en la carretera o cerca de estaciones de servicio, o en campos o patios de recreo. En Occidente, estas paradas tienen lugar en zonas habilitadas como espacios

públicos. Allí Amma se sienta con sus hijos. En primer lugar se realiza una meditación, seguida de cantos devocionales, una sesión de preguntas y respuestas y oraciones por la paz mundial. Muy a menudo Amma pide a los niños pequeños que viajan con el grupo que cuenten historias, y a los adultos que hablen sobre algún tema en particular. A continuación, Amma sirve a todos la comida.

Después de los programas de Washington DC, Amma y la flota de autobuses partieron hacia Toronto. Las cataratas del Niágara se encuentran a unos diez minutos de la frontera canadiense. Ese año teníamos prevista la parada chai en un parque situado justo al lado de las cataratas. Por un lado teníamos las cataratas del Niágara, una de las maravillas del mundo, y por el otro estaba la gloriosa presencia de la maravilla conocida como Amma. Las escrituras dicen que un maestro con autoconocimiento es el mayor milagro.

Después de la ronda habitual de actividades de la parada chai, el grupo de la gira se dirigió a la frontera canadiense. Justo cuando el vehículo de Amma estaba a punto de incorporarse a la carretera que conduce a la frontera, de repente y sin razón aparente dijo:

—Para el coche. Podemos irnos dentro de un rato.

Al oír aquello, sentí un cierto temor en mi interior.

—¿Qué pasa, Amma? —pregunté.

—Oh, nada —respondió ella.

Su tono de voz parecía estar insinuando algo. Salí del coche. Mi mente empezó a preguntarse: «¿Por qué nos habrá pedido que detengamos el coche?». Como no entendía nada de lo que estaba ocurriendo, dejé de esforzarme por encontrar una explicación. Por experiencia, sé que solo Amma es capaz de entender el significado y la importancia de sus palabras y acciones, especialmente en momentos como ese, cuando pidió que se detuviera el vehículo sin razón aparente.

Mientras estaba allí de pie, sentí el impulso de sacar el pasaporte que tenía el visado canadiense junto con otros documentos necesarios para que autorizaran mi entrada en el país. El visado canadiense estaba en mi pasaporte más reciente. Como los visados para otros países estaban en pasaportes más antiguos, los llevaba todos unidos con el nuevo.

Había pegado unos postits de distintos colores en las páginas de los distintos visados para localizar fácilmente el visado correspondiente a cada país. Localicé la página con el visado canadiense. Cuando lo revisé, me di cuenta de que había caducado en mayo de ese mismo año, dos meses antes. Al principio pensé que había pegado el póstit en la página equivocada. Después de todo, ya estábamos en julio. Revisé todas y cada una de las páginas de mis tres pasaportes. Todos los visados canadienses que encontré eran de años anteriores y habían caducado. Lo comprobé una y otra vez. No encontré ningún visado válido. Los devotos que viajaban con nosotros también examinaron mis pasaportes a fondo. Por fin, se hizo evidente que no tenía un visado válido. No podía entrar en Canadá.

El cometido de obtener los visados para los sannyāsīs que viajan al extranjero con Amma es responsabilidad de un determinado brahmachari. No había cometido ningún error en todos estos años. Cuando lo llamé para contarle lo que había sucedido, se mostró perplejo y lo lamentó mucho; no tenía ni idea de cómo podía haber sucedido algo así.

Cuando me di cuenta de la situación, mi primer pensamiento fue: «No podré realizar pāda pūjā —adorar los pies de Amma— en Guru Pūrṇimā... Voy a interrumpir una práctica que he realizado durante más de treinta años sin excepción...».

Informé a Amma, que estaba sentada en el coche, de que no tenía visado.

—Hijo... —fue todo lo que pudo decir. Su voz expresaba la preocupación de una madre por su hijo. Luego, añadió lentamente—: Amma notaba que algo no estaba bien. Por eso, de repente, pidió que se detuviera el coche.

Nadie dijo nada.

—¿Qué vas a hacer? —me preguntó.

Tenía la mente embotada. Oscuras nubes de dolor comenzaron a llenar mi corazón, listas para descargar. Miré a Amma a los ojos. «Amma comprende el corazón de su hijo»: eso era lo que transmitían sus ojos. En ese momento, Gautam Harvey, un estadounidense que reside en Amritapuri, dijo:

—Probemos de todos modos. Digámosle al funcionario lo que ocurre. Quién sabe, tal vez pueda ayudarnos a encontrar una salida.

Le pedí permiso a Amma para seguir adelante.

—Inténtalo.

Había una sombra de duda tanto en su voz como en la expresión de su rostro.

—No tengas ninguna expectativa. Probemos suerte a ver qué pasa —sugirió Gautam.

Nos trasladamos a otro vehículo. Me quedé viendo alejarse el coche de Amma. Sentía que las lágrimas que había estado reteniendo estaban a punto de manar. Reprimiendo el dolor, me metí rápidamente en el coche. Pronto llegamos a la Oficina de Inmigración de Canadá, en la frontera. Les explicamos el asunto. Como era de esperar, me negaron el visado y me ordenaron regresar a Estados Unidos.

Cerca de la frontera canadiense se encuentra la ciudad estadounidense de Buffalo. Bhārat Jayaram, profesor de universidad en dicha ciudad, es un devoto cercano de Amma. Decidimos pasar esa noche en su casa. Cuando llegamos a su domicilio, era más de la una de la madrugada. Bhārat nos invitó a cenar. Todavía estaba conmocionado por todo lo que había sucedido. Durante las últimas tres décadas me había encargado de realizar la pada puja de Amma en la Guru Pūrṇimā. No me la había perdido ni una sola vez. Ahora se iba romper esa tradición. Con ese dolor y esa cólera rugiendo dentro de mí de un modo infernal, ¿cómo podía pensar en apaciguar mi hambre?

Los que estaban familiarizados con las leyes de inmigración opinaban que era poco probable que obtuviera un visado canadiense en el espacio de dos días. Sin embargo, estaban de acuerdo en que no había nada de malo en solicitarlo directamente en el Consulado de Canadá en Nueva York. Amma también me dijo que hiciera eso. Decidí tomar el primer vuelo a Nueva York al día siguiente. Sneha (Karen Moawad), que trabaja en Programas Internacionales en la Universidad Amrita, decidió volar a Nueva York para intentar ayudarme.

Cuando me acosté eran más de las dos de la mañana. Había caído en un estado de desesperación. No dejaba de derramar lágrimas. Mi querida Amma estaba ahora en Toronto. La tarea de obtener un visado parecía insuperable, especialmente teniendo en cuenta que se acercaba el fin de semana. Pero sabía que tenía que hacer un esfuerzo si quería que la gracia de Amma fluyera.

Compramos billetes con llegada al aeropuerto de La Guardia en lugar de al JFK para reducir al máximo el recorrido hasta Manhattan. El viaje desde allí hasta el consulado de Canadá duraba treinta minutos. Sin embargo, el destino no se puso de nuestra parte. Debido al clima tormentoso que había en Nueva York, el vuelo desde Buffalo que debía despegar a las nueve de la mañana se retrasó. Finalmente, el avión despegó de Buffalo después de las doce y media. Cuando llegamos al consulado eran más de las tres de la tarde, y estábamos a viernes. Los viernes el consulado canadiense cierra a las tres. Mi último recurso para obtener un visado había fracasado.

El consulado no volvería a abrir las puertas hasta el lunes siguiente. Para entonces, los programas de Amma en Canadá prácticamente habrían terminado. Mientras Sneha y yo permanecíamos de pie frente a las puertas del consulado preguntándonos qué hacer, un amable funcionario de seguridad que estaba deseando ayudarnos nos dijo que deberíamos ir a la agencia de visados de la ciudad, que estaba abierta hasta las cinco. Nos subimos a un vehículo de Uber y salimos corriendo hacia la agencia. Sin embargo, en la agencia no podían prometerme que me devolverían mi pasaporte antes del vuelo a la India, por lo que opté por no solicitar allí el visado canadiense.

Mi objetivo principal era llegar a Canadá y estar con Amma para la Guru Pūrṇimā, o al menos poder volar a Toronto el martes para regresar a la India con Amma. Era obvio que quedarse en Nueva York el fin de semana no serviría de mucho, pero habíamos perdido el último vuelo de regreso a Buffalo, así que pasamos la noche en la ciudad. No pude cerrar los ojos ni un segundo. A las dos y media de la madrugada sonó el teléfono. Era Amma. Sin más preámbulos me dijo:

—Hijo, regresa a Buffalo mañana por la mañana. Gautam estará allí, esperando para llevarte a la frontera canadiense. Inténtalo una vez más. Al fin y al cabo, debemos hacer todo lo posible, ¿no? El resto depende de la gracia de Dios.

Me había llamado durante el darśhan. Las palabras de Amma me recordaron la famosa estrofa de la Bhagavad Gītā:

> *karmaṇy-ēvādhikāras tē mā phalēṣhu kadāchana*
> *mā karma-phala-hētur bhūr mā tē*
> *sangō'stvakarmaṇi*

> Solo tienes control sobre tus actividades, pero nunca sobre sus resultados. Tu meta no debe ser el resultado de las actividades. No debes procurar evitar la actividad misma. (2.47)

Gautam llamó y me explicó que intentaríamos obtener un TRP (permiso de residencia temporal) para entrar en Canadá. Excepcionalmente, los funcionarios de inmigración tenían autoridad para emitir un PRT. Me recordó que teníamos permiso de Amma para proceder de esa manera. Mientras tanto, Gautam, con la ayuda del grupo de información de la gira, pudo reunir material acerca de Amma y sobre mi papel en la Universidad Amrita y Embracing the World, así que Sneha y yo volamos de regreso a Buffalo para realizar un nuevo intento en otro puesto de control fronterizo.

Salimos por la mañana temprano hacia Buffalo. Gautam ya estaba esperando en casa de Bhārat Jayaram. A las diez partimos hacia el Puente de la Paz, en la frontera canadiense. Fuimos en coche por uno de los tres carriles hasta un puesto de la Agencia de Servicios Fronterizos de Canadá. El funcionario me pidió el pasaporte. Mientras examinaba mis documentos, preguntó cortésmente:

—¿Por qué le denegaron el visado hace dos días?

Gautam le contó con toda sinceridad lo que había sucedido, le explicó que ahora disponíamos de documentación adicional y le preguntó si habría alguna posibilidad de obtener un visado temporal. El funcionario se asomó al interior del coche, me miró y sonrió. Luego, con calma y cortésmente dijo:

—No diría que es imposible obtener un visado temporal. Sin embargo, hay muchas normas relacionadas con la emisión de dicho visado.

Sería necesario expedir muchos documentos, así que es muy difícil obtenerlo.

Me sorprendió el tono amable y la cortesía del funcionario. Nos pidió que fuéramos a la Oficina de Inmigración situada en el interior de un edificio cercano. Había mucha gente esperando un permiso para entrar en Canadá. Inmerso en oración, me uní a ellos y aguardé mi turno.

Entre aquellos a los que se les había denegado el visado había un padre con su hija. El padre intentaba llevarse a su hija de ocho años a Canadá. Estaba divorciado, y el funcionario de inmigración le dejó claro que, a pesar de que era su hija, no se le concedería un visado sin una carta de la madre de la niña. El padre parecía indefenso, y la hija estaba allí de pie sin saber qué estaba ocurriendo.

Una madre y sus dos hijos estaban durmiendo en un banco. Eran refugiados. Un funcionario de inmigración se había acercado a traerles comida.

Mientras esperaba, me parecía que el tiempo apenas se movía. Al cabo de un rato me llamaron por mi nombre. Humildemente le presenté al funcionario el pasaporte y otros documentos. Parecía severo. Sin mirar apenas los documentos, el funcionario dijo con dureza:

—Sabía usted muy bien que necesitaba un visado para viajar a Estados Unidos. ¿No sabía que también necesitaría uno para entrar en Canadá? Entonces, ¿por qué no lo consiguió? Me da igual quién sea usted ni lo importante que sea.

Por desgracia, ese funcionario era la antítesis del hombre amable de afuera. Afirmó con rotundidad:

—Tuvo tiempo para obtener un visado estadounidense, pero no se molestó en conseguir uno canadiense. Si el programa de Toronto puede seguir sin usted, no le voy a dar el visado.

Finalmente, cuando le dijimos que había realizado la Guru Pūrṇimā los últimos treinta y dos años y que la ceremonia podría no tener lugar en mi ausencia, levantó las manos y dijo que pediría a otra persona que se hiciera cargo del caso.

Las cosas se estaban complicando. Parecía que no había muchas esperanzas. Seguimos esperando. En cuestión de minutos, llegó otro funcionario y se sentó al lado del que nos había atendido. Me llamó por mi nombre. Cuando llegué al mostrador quedé gratamente sorprendido: era el amable funcionario que habíamos visto en el mostrador de fuera. Le presenté todos los documentos. Pasó la siguiente hora revisando todo el material. Esperamos ansiosos, rezándole constantemente a Amma.

—¡Señor Puri!

Cuando oí mi nombre, me acerqué al mostrador. ¿Qué me diría? Lo miré con ansiedad. Él sonrió.

—Le concederé un visado temporal; pero solo por esta vez.

No podía creer lo que oía, pero mi corazón susurró: «La gracia... la gracia infinita de Amma». No solo accedió a concederme un visado temporal, sino que lo extendió un día más por si se daba el caso de que nuestro vuelo desde Canadá sufriera alguna demora. Sabíamos que era Amma quien estaba actuando por medio de ese hombre. Los cuatro mostramos nuestro profundo agradecimiento por turnos a ese amable funcionario. A medida que nuestros corazones se llenaban de euforia, nuestros ojos se veían desbordados de lágrimas.

¡Cuántas experiencias como esa, que no pueden ser analizadas o explicadas, hemos vivido! Después de abandonar las cataratas del Niágara, Amma nos pidió que detuviéramos el coche sin motivo aparente. Si no lo hubiera hecho, yo habría llegado a la frontera pensando erróneamente que tenía un visado válido. Cuando Amma nos dijo que detuviéramos el coche, revisé mi pasaporte. ¿Qué hubiera ocurrido si lo hubiera revisado más tarde, en la misma Oficina de Inmigración? Incluso podría haber ido a la cárcel por intentar «engañar» a la Oficina de Inmigración.

Algunas personas se preguntarán: «¿No podía Amma haberte hecho saber que no tenías un visado válido antes de que todo esto sucediera?». Es una duda razonable. Kṛiṣhṇa siempre supo que la guerra de Kurukshetra era inevitable, ¿verdad? Entonces, ¿por qué no le dijo a Arjuna que la guerra estaba destinada a suceder, con independencia de los esfuerzos que hicieran los Pāṇḍavas y el propio Kṛiṣhṇa por evitarla?

En todas las experiencias de la vida, no solo en esta mía, hay que tener en cuenta dos factores: los límites del intelecto humano y los caminos inescrutables del universo. La razón y la inteligencia son necesarias. Sin embargo, la vida no siempre es comprensible para el entendimiento humano. Algunas cosas siempre permanecerán como un misterio. Para entender y apreciar cómo funciona el universo, aun si nos limitamos a una pequeña parte de su magnitud y complejidad, lo que se necesita es amor y fe.

La inteligencia humana puede explicar muchas cosas. Sin embargo, la esencia fundamental de la vida es un misterio. Quizás por eso afirmara Albert Einstein: «Lo más hermoso que podemos experimentar es lo misterioso. Es la fuente de todo verdadero arte y de toda verdadera ciencia. Aquel a quien esa emoción le resulta extraña, que ya no puede realizar una pausa para maravillarse y permanecer envuelto en el asombro, es como si estuviera muerto: tiene los ojos cerrados».

En el capítulo 11 de la Bhagavad Gītā, Kṛiṣhṇa le revela su forma cósmica a Arjuna.

El guerrero contempla todo el universo existiendo en el cuerpo del Señor: lo animado y lo inanimado, el sistema solar al completo, las galaxias, el cielo y el infierno. El mensaje de esa forma cósmica es que el individuo no tiene una existencia separada de la totalidad. ¿Quién puede descubrir los secretos que el invisible poder universal ha escondido, en forma de semilla, en nuestro interior?

Amma dice: «En la vida podemos resolver determinadas situaciones; pero otras, por más que lo intentemos, no tienen arreglo. Cuando exista la posibilidad de resolver una situación debemos realizar el máximo esfuerzo, pero si no disponemos de esa opción tenemos que aceptarlo. Por ejemplo, una persona que pretenda aumentar quince centímetros más su estatura puede no tener éxito en el intento, aunque se cuelgue boca abajo todo el día o tome distintos suplementos multivitamínicos. En ese caso, la única opción pasa por aceptarse y ser feliz con lo que se tiene. Sin embargo, en el supuesto de que se fracase en una entrevista de trabajo, se puede intentar una y otra vez acudiendo a otras entrevistas hasta conseguir un empleo».

Está predeterminado que en la vida de un individuo deben suceder una serie de acontecimientos, que él o ella deben pasar por determinadas experiencias. Son secretos que se hallan ocultos en los recovecos del corazón del universo. Ningún poder puede cambiar eso. Nadie puede alterar esos acontecimientos, porque están predeterminados. Sin embargo, si se cuenta con la protección de una encarnación divina o satguru, que conoce el poder universal, «lo que se suponía iba a golpear el ojo podría tan solo rozar la ceja». (Karna, el experto arquero, había disparado una flecha apuntando al cuello de Arjuna. Valiéndose de un dedo de su pie, Kṛiṣhṇa hizo descender el carro y la flecha derribó la corona de Arjuna en lugar de clavarse en su cuello).

Amma permanece en el mismo estado supremo en el que estaban instalados Kṛiṣhṇa, Rāma y Buda. Śhrī Ramakṛiṣhṇa Paramahansa le dijo una vez a Swamī Vivekananda: «Naren, (Narēndranāth era el nombre de Swamī Vivēkānanda antes de hacer los votos de sannyasa), ese que es Rāma, ese que es Kṛiṣhṇa, en este cuerpo es Ramakṛiṣhṇa en una de sus formas». Por eso, si alguien preguntara: «¿Dónde están Kṛiṣhṇa, Rāma y el Buda?», yo afirmaría categóricamente, sin la más mínima duda: «Viven aquí, en Amritapuri, bajo la forma de Amma, que es capaz de penetrar en el corazón de los seres humanos».

La gracia divina es una manifestación del libre albedrío cósmico realizando su función. Puede alterar el curso de los acontecimientos de manera misteriosa por medio de sus propias leyes desconocidas, que son superiores a todas las leyes naturales, a las que puede modificar interactuando con ellas. Es la fuerza más poderosa del universo. Solo desciende y actúa cuando se la invoca por medio de una entrega total. Actúa desde el interior, porque Dios reside en el corazón de todos los seres. Solo una mente purificada por la entrega y la oración puede oír el susurro de su voz.

Se dice que el sabio Nārada le preguntó a Viṣhṇu sobre la sādhanā más fácil de realizar cuando llegara el Kālī Yuga.

nāham vasāmi vaikuṇṭhē yōgināṁ hṛidayē na cha
madbhaktā yatra gāyanti tatra tiṣhṭhāmi nārada

Ni vivo en Vaikuṇṭha (la morada de Viṣhṇu) ni habito en los corazones de los yoguis, oh Nārada, resido donde cantan mis devotos.

Los racionalistas se ríen de ella, y los ateos la desprecian, pero existe. La gracia divina es el descenso de Dios en la zona de conciencia del alma.

14 | VENID PRONTO, QUERIDOS HIJOS

Entre los muchos problemas y limitaciones que tenemos los seres humanos, uno de ellos es que solo podemos percibirlo todo desde el punto de vista de un ser humano corriente, incluso cuando se trata de Dios. Cuando hablamos de Dios, lo llamamos el poder infinito que todo lo llena, omnipresente y omnisciente. Algunos juzgan a Dios como parcial, cruel, como la causa de todos los pesares y sufrimientos, tanto personales como colectivos. La mente no puede actuar de otra manera. Solo puede dudar. Dudar es su propia naturaleza.

Nuestros órganos de percepción y de acción tienen mil y una limitaciones. Aun así, cuestionamos incluso a Dios, la realidad trascendente. Kṛiṣhṇa, Rāma y Buda fueron grandes maestros espirituales que estaban en comunión con Dios y encarnaban el amor incondicional, la omnisciencia y la belleza divinas. La gente tampoco les ahorró esa clase de críticas. Ahora tenemos a Amma con nosotros. Incluso mientras contemplamos la pada puja, mientras recitamos el árchana, meditamos en ella o estamos en su divina presencia, nuestra mente plantea preguntas y dudas. ¿Por qué? Porque a causa de nuestra comprensión limitada seguimos olvidándonos de la naturaleza infinita de Amma. La bella apariencia física de los grandes maestros es un velo que cubre su naturaleza real, que es sat-chit-ānanda.

Por naturaleza, el ser humano busca resultados inmediatos. Si alguien anuncia «iluminación en diez días» o «despertar instantáneo de la kundalini», corremos detrás de eso. No nos importa gastar cientos, incluso miles de dólares para alcanzar esa «iluminación» y ese «despertar». Al actuar así perdemos nuestro sentido común. Somos muy buenos planificando y administrando todo en la vida, tanto las grandes empresas como las tareas rutinarias: el desayuno, el almuerzo, la cena, las salidas, las vacaciones, etc. Pero actuamos de manera poco inteligente cuando se trata de la espiritualidad y las prácticas espirituales. No prestamos atención a lo que dicen las escrituras, ni a lo que dicen los grandes sabios y visionarios.

Si la iluminación y la felicidad sin impedimentos fueran fácilmente alcanzables, ¿por qué los grandes santos y sabios, que nos legaron todas las profundas escrituras en las que se halla contenida la experiencia máxima del conocimiento de Dios, se tomaron la molestia de practicar durante años una severa ascesis? ¿Fue Buda un necio por renunciar a todos los placeres del reino para alcanzar el nirvana? ¿Fue sin sentido el tapas agotador que realizó Ramana Maharshi en el interior de la bóveda subterránea conocida como pātāla liṅga? ¿Fueron el intenso anhelo y las continuas oraciones de Śhrī Ramakṛiṣhṇa a la Madre Kālī un drama sin ninguna utilidad?

¿Y qué decir de los años que pasó Amma de pequeña practicando meditación intensa, oraciones y cantos y renunciando a la comida y al sueño? Incluso Śhrī Kṛiṣhṇa y Śhrī Rāma meditaron, cumplieron votos y realizaron prácticas espirituales. A la luz de todo eso, ¿de qué clase de «iluminación instantánea y despertar de la kundalini» están hablando los autoproclamados gurus?

Amma garantiza el autoconocimiento en tres años, tal vez en menos tiempo, siempre que sigamos estrictamente sus instrucciones, indefectiblemente y con absoluta confianza; pero se requiere esfuerzo. Sin embargo, en última instancia, nos daremos cuenta de que ni siquiera el esfuerzo era necesario porque nunca hemos estado separados de Dios.

La única intención de Amma es romper el muro que nosotros mismos hemos creado en nuestro interior. El ego nos es muy querido, estamos muy apegados a él, mientras que a una satguru como Amma le encanta destruir egos. Está constantemente tratando de que se produzca al menos una grieta en nuestro ego. Si aparece una grieta, ella sabe que el amor y la luz se derramarán a través de la misma. Entonces todo el proceso de autodesarrollo se vuelve fácil.

Hemos estado viviendo con nuestras propias ideas sobre la vida, el amor, el mundo, el conocimiento, etc. Conocer a una satguru como Amma significa el comienzo de nuestra entrada en el camino de la pureza y de la autotransformación. Es el comienzo de nuestro viaje interior. Para que este viaje tenga éxito, hay que dejar de lado nuestras ideas incorrectas acerca de la vida, el amor, el mundo, el conocimiento y toda la información que hemos reunido. Amma les dice con amor a sus hijos e hijas: «Mis queridos hijos, no necesitáis nada de fuera. No hace falta que os den nada, pero hay que quitar muchas cosas».

Las leyes que posibilitan los logros mundanos y los espirituales son diametralmente opuestas. El éxito en el mundo se basa en la adquisición y la acumulación de riqueza. Cuanto más obtengas, más éxito tendrás. En la espiritualidad, por el contrario, la ley consiste en perder. Tienes que perder tu ego y la negatividad relacionada con él, el supuesto velo que cubre la verdad de la existencia. Hay que perder ajñāna (la ignorancia) para ganar jñāna (el verdadero conocimiento). En otras palabras: hay que renunciar a asat (lo que no es el verdadero Yo) para conseguir sat (el verdadero Yo o Ātmā).

Hay que sacrificar muchas cosas queridas hasta para adquirir cosas mundanas. Permitidme citar a Amma: «Cuando está preparando los exámenes finales, un estudiante solo puede centrarse en los estudios y en obtener buenas calificaciones renunciando a sus costumbres de ver la televisión, ir al cine, salir con amigos, divertirse con juegos y demás entretenimientos. Si hasta en el mundo es normal sacrificar algo de menor importancia para lograr un objetivo superior, ¿qué decir sobre el más alto de todos los logros, el conocimiento espiritual?».

Hasta ahora, hemos dado valor en nuestra vida a las numerosas cosas que recogemos del mundo, considerándolas muy valiosas. Ese ha sido nuestro verdadero tesoro. Hay que corregir esta percepción. Necesitamos una operación urgente de este ajñāna timira, la catarata de la ignorancia. La cirugía implica algo de dolor. Pero, solo si permitimos que Amma elimine todo lo que no es deseable, se revelará el tesoro espiritual que se oculta en nuestro interior.

Los gurus que afirman ser capaces de conceder la iluminación pueden permitirte conservar todos los adornos de tu ego, los conceptos erróneos que has acumulado. La mayor parte de la gente se siente satisfecha con eso, porque de forma inconsciente es lo que quieren. Cuando lo que deseas es satisfacer tus deseos y expectativas, resulta bastante natural que termines acudiendo a un «maestro» que dice «sí» a todos tus deseos. Por el contrario, un verdadero maestro puede no prestar atención a tus expectativas, especialmente si tu meta es el autoconocimiento.

Lo más lamentable es que quienes buscan la libertad se convierten con facilidad en víctimas de gurus deshonestos. Las promesas de los mismos atan cada vez más a las cadenas de las ideas equivocadas respecto a la espiritualidad y el conocimiento de Dios.

Recuerda esto: se puede elegir cualquier camino, pero sin amor nada funciona. Sea cual sea el tipo de yoga, bhakti, karma o jñāna, el elemento común es el amor. Por eso Amma dice: «La bhakti es amor basado en el jñāna». De lo contrario, tendremos una perspectiva equivocada sobre Amma y la espiritualidad. Esa era realmente la diferencia fundamental entre las gōpīs y Rādhā. Las gōpīs amaban a Kṛishṇa, pero no tenían jñāna sobre la naturaleza omnipresente de Kṛishṇa, mientras que el amor de Rādhā por Kṛiṣhṇa se basaba en una fe inquebrantable en la naturaleza omnisciente del Señor.

Nuestra actitud no debe ser: «Amma, solo me quedaré contigo mientras cumplas mis deseos y expectativas y me hagas sentirme feliz. De lo contrario, me iré». Esa actitud no nos va a ayudar en el camino. En la espiritualidad no se puede negociar, especialmente con una satguru como Amma. En esta senda, solo el amor puro y la entrega resolverán todos los misterios.

En 1983 me encontraba físicamente lejos de Amma después de que me hubiera enviado a Tirupati, en Andhra Pradesh, a realizar los exámenes de la licenciatura en Filosofía. La separación física de Amma fue muy dolorosa. Mi corazón estaba muy apesadumbrado. En el tren, me senté en un rincón para ocultar mis lágrimas. Todos los pasajeros charlaban alegremente, pero mi mente estaba llena de dolor debido a la separación de Amma. Durante todo el viaje no pude pensar en nada más que en ella.

Al llegar allí traté de concentrarme en los estudios, pero fracasé. Me sentía como un pez fuera del agua. Cada objeto, un trozo de papel, una caja de cerillas, el hilo que ataba alrededor de los paquetes que había traído, la bolsa, el olor de todas las cosas me recordaba a Amma. Me olvidé de comer y de dormir. Cuando comenzaron los exámenes finales, de alguna manera logré realizar las pruebas. En ese momento recibí una carta de Amma. La leí y releí varias veces. Acabó humedecida, empapada por mis lágrimas. La carta de mi Madre decía lo siguiente:

> Querido hijo:
> Amma siempre está contigo. Amma no siente que estés lejos de ella. Hijo mío, Amma ve tu corazón anhelante. Puede escuchar tus gritos. Hijo mío, mira los árboles que danzan con la brisa, escucha el canto de los pájaros, contempla la extensión del cielo, mira las estrellas centelleantes, las montañas, los valles, los ríos: todos son manifestaciones de Dios. Todo lo que hay en la creación está lleno de la fragancia de

> Dios. Contempla a Amma en todo lo que te rodea y sé feliz.

Esa noche estaba sentado fuera de mi habitación, viendo los árboles y las plantas. El cielo estaba lleno de estrellas brillantes y la luz plateada de la luna llena inundaba toda la tierra. Mientras las lágrimas corrían por mis mejillas, se me aceleró el corazón. Pensé: «Esta brisa puede estar soplando hacia mi Amma; puede ser lo suficientemente afortunada como para acariciar el cuerpo de mi Amma. La Luna y las estrellas también deben estar deseando ver a Amma. Tal vez también la estén buscando...». Podía oler a Amma en la brisa... Su presencia era tangible en todas partes. En ese momento, canté espontáneamente:

tārā pathangaḷē tāzhōṭṭu pōrumō
tārāṭṭu pāṭuvān ammayuṇḍu
tīrātta snēhattin nīruravāṇavaḷ
tēṭum manassinu taṇaḷānavaḷ

> Oh estrellas, ¿no podéis bajar, por favor? Amma está aquí para cantaros una canción de cuna.

> Ella es la corriente inagotable del amor
> y el árbol que da sombra a las mentes que buscan.

Cuando me fui de la habitación después de los exámenes, no pude dejar los periódicos, ya inútiles, que había usado como envoltorio para traer las cosas del āśhram, un trozo roto de una caja de jabón, las botellas vacías, las puntas quemadas de las varitas de incienso, la cuerda que utilicé para atar los paquetes y otros objetos insignificantes, «desechables». Pensé: «¡Qué intenso fue mi dolor cuando me separé de Amma! Quizá estas cosas también compartan ese dolor; si las dejo aquí se quedarán desconsoladas». No me parecían objetos sin vida. Así que empaqueté cuidadosamente esas cosas en una bolsa. Amma me había dado una idea de lo que era el amor puro, el estado de gopi-dad, por decirlo de alguna manera. Si hubiera podido mantener ese estado mental, me habría convertido en su Rādhā, es decir, hubiera permanecido completamente unido a ella. Estoy seguro de que algún día sucederá.

Hay una palabra sánscrita, kaṭākṣha, que significa «mirada llena de gracia». En el dhyāna śhlōka (estrofa de bendición) de Amma se la describe como *snigdhāpāṅga vilokinīm bhagavatīṁ* (aquella cuyas miradas irradian un amor que te ata). El Śhrī Lalitā Sahasranāma describe a Dēvī como *Kaṭākṣha-kiṅkarī-bhūta-kamalā-kōṭi-sēvitā* (a la que asisten crores —decenas de millones— de Lakṣmīs, que quedan atrapadas por su mera mirada).

La palabra «kaṭākṣha» se encuentra en muchos de los bhajans de Amma. La traducción más cercana en español es «mirada amorosa», no «vistazo». Aunque normalmente usamos «mirada amorosa» para referirnos a una forma determinada de mirarse la gente, en realidad «mirar amorosamente» es algo que solo Dios y el guru pueden hacer, porque viene de un nivel completamente diferente.

Hay momentos en que Amma nos mira amorosamente. No es una simple mirada. Se siente la diferencia. Se trata de una comunicación secreta entre Amma y esa persona en particular. Nadie más se da cuenta. La «mirada amorosa» hay que ganársela. Hay que estar preparado para recibirla. Cuando los amantes se enamoran, experimentan un vislumbre de esa mirada. No es tan intensa ni transformadora como la del guru, pero les permite hacerse una idea de la diferencia entre una mirada corriente y una «mirada amorosa».

Para decirlo con las propias palabras de Amma: «Cuando el guru mira amorosamente al discípulo, este se siente envuelto por la conciencia pura. La morada eterna del guru es el plano más elevado de conciencia, el estado de "Śhivōham" ("Yo soy Śhiva"). Desde esa altura, cuando el guru mira compasivamente al discípulo, que se encuentra en un nivel inferior de existencia, este siente que todo su ser disfruta de una corriente ininterrumpida de gracia torrencial».

Algunas veces ha sucedido eso en el primer encuentro con Amma. La energía pura de esa mirada amorosa aún permanece en nuestro interior. Cuando estemos listos para la transformación total, la mirada amorosa del guru nos empujará hacia la totalidad de la existencia.

Amma dice: «La verdadera relación entre el guru y el discípulo es la cima del amor y la veneración». Cuando el discípulo adquiere ese amor y veneración por su maestro, la presencia misma del guru, hasta su silencio, le comunica todo al discípulo. Ese es el significado de Dakṣhiṇamūrti[3].

El discípulo debe tener una tremenda paciencia para que todo eso suceda. El mantra de un discípulo debe ser: «tener confianza, estar dispuesto y esperar pacientemente». «La velocidad emociona, pero mata», dice una señal de tráfico que se puede ver en muchos lugares de la India. Este principio no solo es válido en la carretera, sino también en la vida. El conocimiento despierta en nuestro interior; pero, igual que el embarazo y el parto requieren una gran cantidad de paciencia, el amanecer del verdadero conocimiento exige una paciencia inmensa.

Cuando el discípulo realiza guruseva (servicio al guru), desarrolla la identificación con el guru. El cuerpo del guru es la base por la cual

---

[3] Dakṣhiṇamūrti significa literalmente «el que mira hacia el sur». Dakṣhiṇamūrti es una manifestación de Śhiva considerado el Ādi Guru (guru primordial). Por lo general, se representa como un niño sentado bajo una higuera que imparte la más alta sabiduría a sus discípulos por medio del silencio.

el discípulo contempla el amor, la pureza, la compasión, la paciencia, el perdón, el sacrificio y todas las cualidades divinas de Dios. El cuerpo del guru es realmente el cuerpo de Dios; por eso el servicio al guru tiene suma importancia.

Un discípulo completamente entregado, incluso un discípulo que posea un cierto grado de discernimiento, no le pide nada al guru. Un discípulo así ni siquiera dice: «Bendíceme con la iluminación». La fe en el guru es la base de la relación entre el guru y el discípulo. El guru es omnisciente y sabe qué enseñanzas debe transmitir al discípulo y en qué momento. Por esa razón, se supone que el discípulo debe confiar completamente en el guru, realizar su sādhanā, servirle desinteresadamente y esperar amorosa y pacientemente a que la gracia del guru fluya hacia él.

El guru es infinito. Su conocimiento también es infinito. Hay una estrofa famosa en alabanza al guru que dice así: «Si se tiene la gracia del guru, no hace falta estudiar todas las ramas del saber, ya que todo el conocimiento y su significado surgirán por sí mismos desde el interior. A los pies de ese guru me inclino humildemente».

Me gustaría contaros una experiencia, aunque algunos ya la hayan oído. Sucedió con motivo de una Guru Pūrṇimā. Hace mucho tiempo, a principios de los ochenta, deseaba intensamente tocar el armonio para acompañar mi canto, porque sentía que si pudiera tocar el armonio mientras cantaba, eso me ayudaría a fundirme más profundamente en un estado de ánimo lleno de amor y devoción. Lo había intentado una y otra vez. Todos los días, sin falta, intentaba interpretar algo con el instrumento, pero no sabía tocar más que notas ascendentes y descendentes. Una mañana estaba sentado dentro del templo repasando mis escalas habituales cuando, al poco de comenzar, se acercó Amma y me dijo:

—Yo te enseñaré.

Se sentó a mi lado y, del mismo modo que una maestra ayuda a un niño a escribir el alfabeto, tomó cariñosamente mis dedos, dirigiéndolos de manera que presionaran las teclas. Lo hizo una sola vez, se levantó y se fue diciendo:

—Es suficiente.

Pensé que no era más que otra alegre coyuntura creada por Amma, otro momento afectuoso con ella. Nunca soñé que esa «lección» de armonio, que apenas había durado unos segundos, fuera a hacer que sucediera un milagro. Al día siguiente se presentó una situación en la que actué sin discernimiento, por lo que Amma me regañó. Aunque pensé que su disgusto había concluido con la regañina, lentamente me di cuenta de que me estaba aplicando «el tratamiento silencioso». Duró un par de semanas, si no recuerdo mal. No hace falta decir que me sentía muy apesadumbrado, aunque la «lección» fue muy necesaria para que me diera cuenta de mi error.

La agonía que sentía dentro de mí me sirvió de inspiración para componer una canción. Mientras escribía la letra, la melodía me vino simultáneamente a la mente. Poco después acabé de escribir la canción, incluida la música. Llegado a ese punto, sentí un fuerte impulso de tocarla con el armonio. Era como si alguien me hubiera pedido que la interpretara. Me senté e intenté reproducirla con el armonio. Para mi sorpresa, descubrí que de forma espontánea estaba presionando las teclas correctas. No podía creer que hubiera podido desarrollar semejante destreza en tan poco tiempo; pero sabía que era la gracia de Amma la que fluía por mis dedos. Fue el toque divino de Amma lo que me permitió tocar correctamente el instrumento y así cumplir mi deseo. Esa fue la génesis de la canción *Nīlāmbuja nayanē.*

> *Nīlāmbuja nayanē.*
> *nīlāmbuja nayanē ammē nī ariññō*
> *ī nīrunna chittattin tēngalukaḷ*
> *ētō janmattil chēytoru karmattāl*
> *ēkāntanāyi ñān alayunnu*
>
> Oh, Madre de ojos como lotos azules, ¿no escucharás los sollozos de este corazón dolorido? Tal vez debido a los acontecimientos de algún nacimiento pasado, estoy vagando solo.

El simple hecho de estar en presencia de Amma es tapas. Puede que no seamos conscientes de ello, pero está purificándonos, elevándonos, acercándonos a Dios, que es nuestro verdadero

Yo. Cada momento que pasamos con Amma equivale a dar un paso más hacia la meta.

De hecho, no es correcto afirmar que «el discípulo está buscando al guru». En realidad, es al revés: «el guru está buscando al discípulo». ¿Por qué? Porque el camino del autoconocimiento y su experiencia culminante le resultan completamente desconocidos al discípulo. Por eso, el discípulo no tiene la sabiduría necesaria para buscar al guru, que siempre está absorto en ese estado de conciencia pura. ¿Cómo puede el ignorante buscar el conocimiento puro? ¿Cómo puede el dolor buscar la felicidad perfecta? Así que es el guru quien busca al discípulo. Si el discípulo se acerca con seriedad, obedece al guru, escucha sus enseñanzas y las practica indefectiblemente, realizando la sādhanā según las instrucciones del guru, no hay duda de que sucederán maravillas en su vida, en su camino hacia el autodescubrimiento.

Debido a nuestra absoluta ignorancia, tratamos de evaluar con nuestras limitadas capacidades mentales e intelectuales la forma en que Dios opera. Aprisionados dentro de los límites de nuestro diminuto entendimiento, sentimos con orgullo que podemos medir lo inconmensurable, mientras que Dios, con un chasquido de sus dedos, borra todas nuestras ideas sobre la vida y el mundo. Lo vemos todo al revés.

Permitidme citar lo que dice Kṛiṣhṇa en la Bhagavad Gītā:

> *ūrdhva-mūlam adhaḥ-śhākham aśhvattham*
> *prāhur avyayam*
>
> Con las raíces arriba y las ramas abajo, se dice que el baniano es imperecedero.

Ese árbol puesto al revés es una alegoría. A partir de una semilla diminuta se desarrolla una gigantesca higuera. Crece y se ramifica casi como un bosque en miniatura. Algunas de las ramas bajan tanto que casi tocan el suelo. A partir de ellas crecen más raíces que se adentran en la tierra y dan lugar a nuevas ramas suplementarias. De igual modo se comporta la mente humana con sus numerosos pensamientos y emociones. Cada cual lleva dentro un gran árbol del saṁsāra.

Cuando miramos un estanque o un lago, podemos ver el reflejo de los árboles que crecen en sus orillas. ¿Qué ocurriría si concediéramos verosimilitud al reflejo y nos olvidáramos de los árboles reales? Ese es nuestro estado actual: hemos olvidado nuestra verdadera naturaleza.

No importa quiénes seamos, si somos ricos o pobres, con estudios o iletrados, sanos o enfermos... todos estamos embrollados en este árbol invertido del saṁsāra. Nunca percibimos nuestra existencia como realmente es. No vemos su comienzo, su transcurso o su final. En realidad, constituye una ilusión gigantesca que se ha hecho realidad debido a la inveterada ignorancia de nuestra verdadera naturaleza. Sencillamente, pasamos la vida sujetos por una cadena que no tiene fin, atraídos por los objetos de los sentidos, por el deseo y por acciones cuyo resultado genera aún más deseo. Amma se ofrece compasivamente a elevarnos por encima de ese estado mental ilusorio.

Hay una famosa estrofa en la Bhagavad Gītā. Existe la tradición de recitar esa estrofa al final de cada capítulo.

sarvadharmān parityajya mām ēkam śharaṇam vraja
aham tvām sarva pāpēbhyō mōkṣhayiṣhyāmi mā śhuchaḥ

Abandona todos tus dharmas (deberes) y simplemente entrégate a Mí. Te liberaré de todos los pecados; no temas. (18.66)

Esa fue la promesa que les hizo Kṛiṣhṇa a sus devotos, al mundo; eso es también lo que Amma promete a sus hijos e hijas: «Queridos hijos míos, el amor que Amma siente por vosotros no tiene fin. Amma se ocupa de cada uno de vosotros sin albergar ninguna expectativa. Aprended a entregaros. Amma os liberará del océano del dolor (saṁsāra sāgaram)».

Arjuna estaba confundido acerca de su dharma, y por eso pensó que la inminente guerra era adharma (injusta). De pie en primera línea de batalla, actuó como un cobarde y quiso huir. Sin embargo, Kṛiṣhṇa, el maestro perfecto, le infundió valor y lo despertó a la realidad de la situación. Le transmitió el más alto conocimiento espiritual y le enseñó a contemplar los acontecimientos desde una esfera superior de conciencia. Bajo la perspicaz guía de Kṛiṣhṇa, Arjuna recobró el buen sentido. Se dio cuenta de que la guerra no era algo que pudiera elegir, sino que estaba determinada de antemano. Esa convicción le ayudó a entregar su voluntad y aceptar la situación, lo que le permitió utilizar todas sus capacidades sin sentir culpa alguna ni reprocharse nada.

¡Que podamos ver a Amma perfectamente! ¡Que podamos escuchar a Amma perfectamente! ¡Que podamos sentir a Amma perfectamente! Que podamos amar a Amma perfectamente y que podamos experimentar a Amma perfectamente.

Amma nos llama: «Queridos hijos, venid rápido. Sois la esencia del eterno Om». Cada uno de nosotros es «querido» para Dios, para Amma y para el mundo. Todos tenemos mucho que aportar. Solo tenemos que despertar y liberar el potencial interno. Así que recuerda que cada uno de nosotros es importante. Nuestra vida cuenta, y podemos cambiar las cosas en este mundo.

Pidamos:

Oh, Amma:

Que tu mirada amorosa y llena de gracia me ayude a recibir alegremente todas las situaciones de la vida.
Que tu mirada amorosa y llena de gracia me ayude a cumplir con mis deberes como si realizara una seva desinteresada y llena de amor, y no una tarea rutinaria.
Que tu mirada amorosa y llena de gracia me ayude a no vivir en el pasado o en el futuro, sino a permanecer en el momento presente.
Que tu mirada amorosa y llena de gracia me ayude a crear el cambio que tanto necesito dentro de mí, en lugar de centrarme en cambiar a los demás.
Que tu mirada amorosa y llena de gracia me ayude a estar siempre satisfecho y feliz en todas las circunstancias de la vida.

ōm tat sat —Esa es la Verdad.

www.ingramcontent.com/pod-product-compliance
Lightning Source LLC
Chambersburg PA
CBHW070138100426
42743CB00013B/2741
* 9 7 8 1 6 8 0 3 7 8 8 6 3 *